U0657718

山东省区域
科技创新能力评价报告
2020

山东省科技统计分析研究中心　著

科学技术文献出版社

SCIENTIFIC AND TECHNICAL DOCUMENTATION PRESS

·北京·

图书在版编目（CIP）数据

山东省区域科技创新能力评价报告 . 2020 / 山东省科技统计分析研究中心著 . —北京：科学技术文献出版社，2021. 3

ISBN 978-7-5189-7692-8

Ⅰ . ①山… 　Ⅱ . ①山… 　Ⅲ . ①技术革新—研究报告—山东—2020 　Ⅳ . ① F124.3

中国版本图书馆 CIP 数据核字（2021）第 039651 号

山东省区域科技创新能力评价报告2020

策划编辑：周国臻　　责任编辑：周国臻　　责任校对：王瑞瑞　　责任出版：张志平

出　版　者	科学技术文献出版社	
地　　　址	北京市复兴路15号　　邮编　100038	
编　务　部	（010）58882938，58882087（传真）	
发　行　部	（010）58882868，58882870（传真）	
邮　购　部	（010）58882873	
官 方 网 址	www.stdp.com.cn	
发　行　者	科学技术文献出版社发行　　全国各地新华书店经销	
印　刷　者	北京地大彩印有限公司	
版　　　次	2021 年 3 月第 1 版　　2021 年 3 月第 1 次印刷	
开　　　本	889×1194　1/16	
字　　　数	147千	
印　　　张	9	
书　　　号	ISBN 978-7-5189-7692-8	
定　　　价	88.00元	

《山东省区域科技创新能力评价报告2020》 编辑委员会

主　任　袁清昌

副主任　毕　鹏　孟昭斌　高金魁

委　员　杨焱明　武秀杰　贾辛欣　王晓鹏　闫　峰　朱　文
　　　　何忠葵　丁其涛

山东省区域科技创新能力评价研究小组

组　长　袁清昌　贾辛欣

副组长　杨焱明　武秀杰　郭梦萦

成　员　刘颖莹　朱　青　王贤慧　闫　峰　朱　文　杜廷霞
　　　　王晓鹏　高　正　李惠玲　王　静

前　言

2019 年，山东省坚持以习近平新时代中国特色社会主义思想为指导，认真落实习近平总书记对山东工作的重要指示要求，全面贯彻党的十九大和十九届二中、三中、四中全会精神，按照"走在前列、全面开创"目标定位，深入实施创新驱动发展战略，以跻身全国创新型省份前列为统领，坚持加强基础研究、应用基础研究和关键技术攻关，坚持强化重大科技创新平台建设，坚持深化科技体制改革，创新体系更加健全，创新环境不断优化，创新能力显著增强，科技创新在促进新旧动能转换和高质量发展中进一步凸显了支撑引领作用。

按照省政府《关于深化创新型省份建设若干措施》（鲁政字〔2019〕142 号）文件部署，在省科技厅和省统计局支持下，山东省科技统计分析研究中心在 2018 年、2019 年全省区域科技创新评价工作基础上，完成了 2020 年相关工作，并形成《山东省区域科技创新能力评价报告 2020》（以下简称《报告》）。

《报告》在遵循评价结果动态可比的原则下，沿用了上年的评价指标体系，由 5 个一级指标和 24 个二级指标组成。其中，一级指标分别为创新资源、创新产出、企业创新、创新绩效和创新环境。《报告》共分四个部分：第一部分是全省科技创新基本情况评价，包括全省科技创新发展总体评价和区域综合科技创新水平评价；第二部分是区域科技创新各级指标评价，包括区域科技创新一级指标评价和区域科技创新二级指标评价等内容；第三部分是区域综合科技创新水平分析，包括全省十六市科技创新发展情况、创新发展主要指标分析及位次和产业发展情况等内容；第四部分是附录，包括区域科技创新能力评价指标体系、指标解释、评价方法和报告图解等内容。

考虑到对接国家重要科技指标和统计制度变化原因，《报告》对二级指标进行微调。将"高新技术企业数量占规模以上工业企业数量比重"改为"每万家企业法人单位中高新技术企业数",删除了"省级以上高新区规模以上工业主营业务收入占全省规模以上工业主营业务收入比重",增加"电子商务销售额占 GDP 比重"。

《报告》增加了对省会经济圈、胶东经济圈、鲁南经济圈创新形势分析,对"三圈"内部创新能力进行了差异系数的测算。

《报告》标题中"2020"指报告发布年份,报告所用数据标注为"当年"的均为 2019 年数据;标注为"上年"的均为 2018 年数据。

《报告》尊重原始数据,力求客观公正,是山东省科技统计分析研究中心连续第三个年度出版的研究成果。《报告》得到山东省重点研发计划(软科学项目)资助。

由于时间仓促,加之水平有限,《报告》难免有不尽人意之处,恳请各界参阅中批评指正,以便我们今后加以改进。

山东省区域科技创新能力评价研究小组

2021 年 1 月

C目 录
Contents

第一部分 全省科技创新基本情况评价

一、全省科技创新发展总体评价

山东省坚定实施创新驱动发展战略，创新型省份建设全面起势，科技创新能力进一步增强。全省综合科技创新水平再创新高，科技创新水平指数达到159.70%，较上年提高15.82个百分点（图1-1）。创新资源、创新产出、创新绩效、创新环境指数进一步提高。

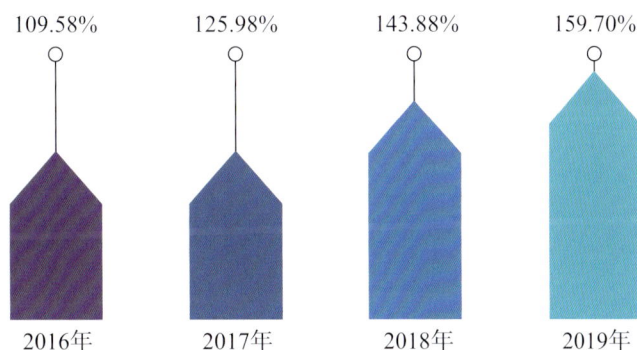

图 1-1 综合科技创新水平指数增长趋势

（一）原始创新投入持续增强

2019年，全省基础研究经费57.34亿元，较上年增长8.39亿元，同比增长17.15%。基础研究经费占R&D经费的比重持续提升，由2015年的2.08%增长到2019年的3.84%（图1-2），提高了1.76个百分点。按基础研究人员折合全时当量计算的人均基础研究经费由2015年的20.34万元增长到2019年的26.83万元，年均增长率为7.17%。青岛、济南、东营基础研究经费均超过了10亿元。基础研究经费的持续增长对增强原始创新能力，积极应对后疫情时代科技经济范式变革的挑战具有重要意义。

图 1-2 基础研究经费支出及占 R&D 经费支出的比重

2019 年，地方财政科技支出实现突破，超过 300 亿元，较上年增长 73.02 亿元，增长速度达到 31.37%，是"十三五"以来增长速度最快的一年。地方财政科技支出占公共财政支出的比重达到 2.85%（图 1-3），较上年提高 0.55 个百分点，政府资金的强力投入是提升全省创新能力的保障。青岛、济南地方财政科技支出遥遥领先，分别达到 66.84 亿元、43.88 亿元；烟台、潍坊也超过了 20 亿元。

图 1-3 地方财政科技支出及占公共财政支出的比重

在基础研究经费投入显著增长的同时，基础研究人员也保持增长态势。据统计，基础研究人员折合全时当量达到 21 374 人年，比 2015 年增长了 46.13%。基础研究人员占 R&D 人员的比重由 2015 年的 4.91% 提高到 2019 年的 7.67%（图 1-4），提高了 2.76 个百分点，其中，2019 年较上年提高 1.61 个百分点，是 2015 年以来增长幅度最大的一年。

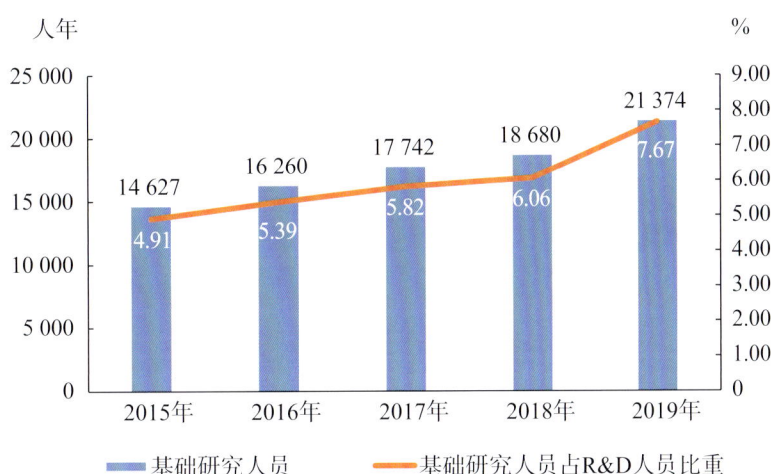

图 1-4　基础研究人员及占 R&D 人员的比重

（二）创新产出成效显著

2019 年全省创新产出指数达到 172.60%，较上年提高 29.11 个百分点。山东省牵头完成科技成果获国家科技奖 13 项，数量居全国第 4 位，仅次于北京、江苏和上海。

技术交易量质齐升。2019 年，全省共登记技术合同 35 505 项，较上年增加 951 项，年登记技术合同成交额 1152.21 亿元，较上年增长 34.47%，成交额居全国第 8 位。项均技术合同成交额较上年增长 30.87%。高校、科研机构技术输出活力持续释放，高校技术输出 4081 项，成交额 23.14 亿元，同比增长 43.52%；科研机构技术输出 2884 项，成交额 22.21 亿元，同比增长 49.60%。济南、青岛、烟台、淄博四市年登记技术合同成交额均超过 100 亿元。全省每亿元 GDP 年登记技术合同成交额 162.13 万元，同比增长 44.69%（图 1-5）。济南、淄博、日照每亿元 GDP 年登记技术合同成交额居全省前 3 位。

图 1-5　年登记技术合同成交额增长情况

2019 年，全省发明专利申请量与授权量均居全国第 6 位。有效发明专利100 892 件，同比增长 15.5%，青岛、济南均超过 2 万件，青岛增速最快，达到21.6%。全省每万人发明专利拥有量 10.08 件，较上年增加 1.3 件，青岛、济南达到30 件左右，淄博、威海、烟台超过 10 件。全省 PCT 国际专利申请量 2329 件，青岛占据全省的 59.30%。

（三）高新技术产业稳步增长

2019 年，全省规模以上高新技术产业产值同比增长 2.20%，占规模以上工业产值比重 40.14%（图 1-6），比上年提高 3.22 个百分点；东营、烟台、临沂三市规模以上高新技术产业产值同比增长 8% 以上，青岛、济南、潍坊、威海、烟台五市规模以上高新技术产业产值占比超过 48%。知识密集型服务业增加值为 8907.15 亿元，同比增长 8.70%；知识密集型服务业增加值占 GDP 比重达到 12.53%，较上年提高 0.24 个百分点，自 2015 年以来一直保持逐年增长态势，反映出全省产业结构在逐步优化升级。规模以上工业企业新产品销售收入占主营业务收入比重为 17.00%，较上年增长 0.38 个百分点。泰安、德州、青岛、济南、威海、济宁、潍坊、烟台、淄博和临沂等 10 个市新产品销售收入占比超过了全省平均水平。

2019 年，全省高新技术企业 11 466 家，较上年增加 2554 家，青岛、济南超过 2000 家。每万家企业法人单位中高新技术企业数 57.84 家，较上年略有增长，青岛、济南、威海、东营四市高于全省平均水平。

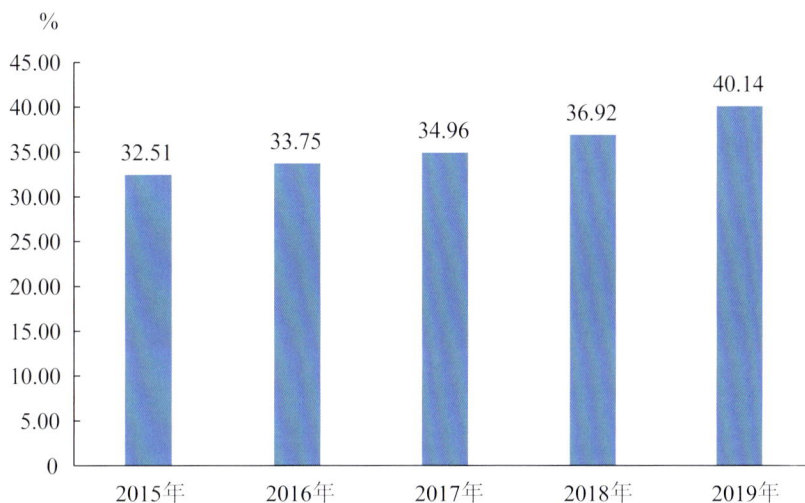

图 1-6   规模以上高新技术产业产值占比增长情况

（四）创新环境更加优化

2019 年，全省创新环境指数达到 233.15%，较上年提高 50.69 个百分点，是 5 个一级指标中增长最快的指标。

普惠性创新政策落实成效显著。2019 年，全省企业（包括规上工业企业、建筑业企业、服务业企业，下同）研发费用加计扣除减免税额达到 100.83 亿元，同比增长 52.67%，占企业研发经费的 7.57%，比上年提高 3.19 个百分点。高新技术企业减免税达到 111.46 亿元，比上年增长 2.91%。使用来自政府部门的研发资金为 30.29 亿元，较上年减少 10.32 亿元（图 1-7）。

科技人员工资水平提高。2019 年，全省科学研究和技术服务业平均工资达到 10.38 万元，高于全社会平均工资（8.14 万元），比上年增长了 10.82%，工资水平虽未达到全国科学研究与技术服务业平均工资水平，但增速高于全国（8.20%）。

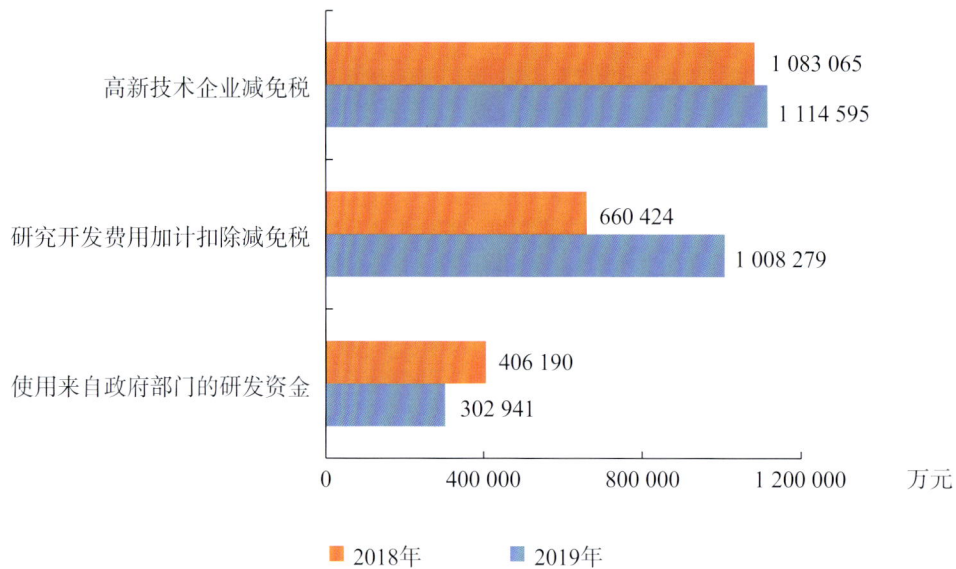

图 1-7 企业政府相关政策落实情况

科技创新平台建设提质增效。截至 2019 年底，各类科技创新平台 3850 家。其中省级以上重点实验室 258 家，省级以上技术创新中心 10 家。青岛海洋科学与技术试点国家实验室入列工作稳步推进，"透明海洋""蓝色药库"等重大科技创新工程顺利实施，国际上首个超算科技园开园启用。山东高等技术研究院揭牌成立，山东能源研究院启动建设，山东产业技术研究院启动运行，市级产业技术研究院基本实现十六市全覆盖。启动实施创新创业共同体培育计划，山东新松工业软件研究院等一批新型研发机构启动建设，推动"政产学研金服用"各类创新要素融合发展，有力支撑融合创新生态培育。

（五）科技创新促进经济高质量发展

科技资源向经济活动的有效配置加速。全面落实山东省大科学计划和大科学工程规划，精准组织实施重大科技创新工程和重大基础研究项目，争取各类国家科技计划项目 94 项、资金 21.93 亿元。省级财政科技资金投入 47 亿元，实施 582 个重大科技创新工程项目，带动社会总投资超 386 亿元；立项支持省重大基础研究专项 17 个，一批支撑产业转型升级的新业态正在形成。

创新高地引领带动作用凸显，支撑高质量发展取得新成效。山东半岛国家自主创新示范区所属 6 个市贡献了全省 57.88% 的生产总值，实现了 74.13% 的出口额，

R&D 经费支出占全省 R&D 经费支出的 62.81%，成为全省创新驱动发展的重要增长极。全省国家高新区工商注册企业数 181 027 家，较上年增加 45 883 家；工业总产值 17 923.07 亿元，同比增长 5.89%；上缴税费 1105.83 亿元，同比增长 0.44%；出口总额 1944.41 亿元，同比增长 5.31%。黄三角国家农高区加快建设现代农业技术创新中心，实现全国首次在盐碱地上成功试种高原、高寒作物藜麦。国家自创区和高新区成为创新发展的"领头雁"。

全员劳动生产率 11.87 万元 / 人，尚低于全国平均水平（12.79 万元 / 人）。东营、青岛、济南、烟台、威海、淄博六市均超过全省平均水平。万元 GDP 综合能耗较上年下降 3.27%，除聊城、潍坊、枣庄、日照、烟台外，其他 11 个市均好于全省平均水平，说明这些城市贯彻"绿水青山就是金山银山"的绿色发展理念，在节能降耗方面取得一定成效。

社会生活信息化水平不断提高。2019 年，信息传输、软件和信息技术服务业增加值达到 1494.98 亿元，同比增长 8.62%。互联网宽带接入用户 3186.1 万户，同比增长 10.44%；每万人互联网宽带接入用户数达到 0.32 万户，比上年增加 0.03 万户。电子商务销售额 12 882.35 亿元，占 GDP 比重达到 18.13%。青岛电子商务销售额接近 4000 亿元，烟台、东营、淄博均超过了 1000 亿元。东营、青岛、淄博、烟台四市电子商务销售额占比超过了全省平均水平。

（六）总体评价中发现的问题

1. 全社会 R&D 经费支出连续下滑

2019 年，全省 R&D 经费支出继 2018 年下降 6.26% 后，再次下降 9.04%，排名降至全国第 6 位。从各市情况来看，仅青岛、东营、威海、日照、德州、滨州六市 R&D 经费支出实现增长，其他市均出现不同程度的下降。在研发经费投入强度上，2019 年全省为 2.10%，居全国第 8 位，低于全国平均水平（2.23%）0.13 个百分点。

2. 科技投入结构尚需优化

基础研究、应用研究、试验发展等不同环节的科技投入结构存在不合理现象。2019 年，全省基础研究经费支出占 R&D 经费支出的比重为 3.84%，虽较上年有较大增长，但仍低于全国平均水平。从执行部门来看，高等学校是基础研究的主体，高校基础研究经费支出占全省基础研究经费的比重为 45.56%，但占全省 R&D 经费的比重仅为 1.75%。总体来看，全省基础研究经费仍显不足，结构尚需优化。

3. 企业科技创新主体地位不够突出

一是有研发活动的企业减少。全省有研发活动的规上工业企业总量较上年下降超过 10%，其中临沂、淄博、枣庄三市分别减少 420 家、377 家、145 家，济宁、烟台、菏泽三市减少量也分别超过 100 家。二是企业研发人员数量下降。全省规上工业企业研发人员数较上年减少 21.69%，为近 5 年来首次出现下降，人数仅为广东的 36.26%。三是高新技术企业增速减缓。全省仅有菏泽、滨州、临沂、德州四市高新技术企业增速高于上年，聊城、青岛、潍坊、东营、烟台五市增速降幅超过 10 个百分点。每万家法人单位中高新技术企业数量只有青岛、济南、威海、东营四市高于全省平均水平（57.8 家）。

4. 区域科技创新发展不平衡

全省区域创新发展不平衡虽有所缓和，但东部、西部创新实力差距仍很明显。济南、青岛遥遥领先，济南与菏泽综合创新水平指数差为 66.21%，综合科技创新水平指数在 50% 以下的 3 个市（聊城、临沂、菏泽）全部集中在中西部地区。全省高新技术企业数量的 53% 和全省入选国家和省重点人才工程的 55% 集中在济南、青岛两市。

5. 重点创新指标与苏浙粤差距明显

从研发投入强度来看，2019 年，山东为 2.10%，江苏、浙江、广东分别为 2.79%、2.68%、2.88%。从地方财政科技支出情况看，山东省地方财政科技支出为 305.76 亿元，居全国第 8 位，仅为广东的 26.16%。从每万名就业人员中研发人员数来看，山东省为 46.56 人年，比全国平均水平低 15.41 人年，而江苏（133.88 人年）、浙江（137.99 人年）、广东（112.33 人年）均超过了 100 人年。从高新技术企业数量来看，全省高新技术企业数量已达 11 466 家，列全国第 6 位，但不足广东的 1/4，约为江苏的 1/2，比浙江少 4853 家，差距较大。从有 R&D 活动的规上工业企业占比来看，全省有 R&D 活动的规上工业企业占比为 26.22%，低于全国 7.98 个百分点，不足江苏的一半，分别比浙江、广东低 18.02、11.55 个百分点。从有研发机构的规模以上工业企业占比来看，山东省有研发机构的规模以上工业企业占比为 9.46%，低于全国 13.11 个百分点，分别是江苏、广东、浙江的 20.47%、22.21%、32.56%。

表 1-1 所示为 2018 年和 2019 年山东省科技创新评价指标情况。

表 1-1 2018 年和 2019 年山东省科技创新评价指标比较

指标名称	2018 年	2019 年
全省综合科技创新水平指数（%）	143.88	159.70
创新资源指数（%）	113.31	125.24
全社会研发（R&D）经费支出占地区生产总值（GDP）的比重（%）	2.15	2.10
地方财政科技支出占公共财政支出的比重（%）	2.30	2.85
每万人拥有的受大专及以上教育程度人口数（人）	1122	1118
每万名就业人员中研发人员数（人年）	49.89	46.56
基础研究经费支出占 R&D 经费支出的比重（%）	2.98	3.84
创新产出指数（%）	143.49	172.60
每万元科学研究经费（基础研究经费与应用研究经费之和）的国外主要检索工具收录科技论文数量（篇）	0.0216	0.0210
每亿元 GDP 年登记技术合同成交额（万元）	112.05	162.13
每亿元 GDP 发明专利申请数（件）	0.99	0.98
每万人发明专利拥有量（件）	8.78	10.08
企业创新指数（%）	169.93	154.83
规模以上工业企业 R&D 经费支出占主营业务收入的比重（%）	1.53	1.53
规模以上工业企业 R&D 人员占规模以上工业企业从业人员比重（%）	5.58	5.54
每万家企业法人单位中高新技术企业数（家）	57.60	57.84
有研发机构的规模以上工业企业占规模以上工业企业比重（%）	7.53	9.46
规模以上工业企业新产品销售收入占主营业务收入比重（%）	16.62	17.00
创新绩效指数（%）	119.41	130.17
规模以上工业高新技术产业产值占规模以上工业产值比重（%）	36.92	40.14
知识密集型服务业增加值占 GDP 比重（%）	12.29	12.53
电子商务销售额占 GDP 比重（%）	20.91	18.13
全员劳动生产率（万元／人）	12.37	11.87
万元 GDP 综合能耗较上年降低率（%）	4.87	3.27
创新环境指数（%）	182.46	233.15
规模以上工业企业研发费用加计扣除减免税占企业研发经费的比重（%）	4.27	7.36
每万名就业人员累计孵化企业数（个）	1.83	2.09
科学研究和技术服务业平均工资比较系数（%）	96.64	99.11
实际使用外资金额占 GDP 比重（%）	1.78	1.43
每万人互联网宽带接入用户数（万户）	0.29	0.32

二、区域综合科技创新水平评价

（一）各市综合科技创新水平评价

2019 年全省各市科技事业蓬勃发展，自主创新能力不断增强，14 个市综合科技创新水平指数呈现上升趋势，为全省经济高质量发展提供了有力科技支撑。根据各市综合科技创新水平指数高低，可以将 16 个市划分为四类：

第一类：综合科技创新水平指数达到 100% 以上的市，包括济南、青岛。

第二类：综合科技创新水平指数低于 100%，但高于 70% 的市，包括淄博、威海、东营、烟台、泰安。

第三类：综合科技创新水平指数低于 70%，但高于 50% 的市，包括德州、滨州、潍坊、日照、济宁、枣庄。

第四类：综合科技创新水平指数在 50% 以下的市，包括聊城、临沂、菏泽。

与上年相比，综合科技创新水平指数位次上升最多的市是滨州，较上年上升 4 位；其次是东营和德州，较上年上升 3 位；日照和枣庄均较上年上升 1 位。位次下降最多的市是聊城，较上年下降 4 位；其次是潍坊和济宁，较上年下降 3 位；烟台和泰安均较上年下降 1 位。其他市位次与上年持平（图 1-8）。

按照各市综合科技创新水平指数较上年提高的幅度，16 个市排名依次是：东营、淄博、德州、滨州、威海、烟台、泰安、日照、枣庄、菏泽、济宁、潍坊、临沂、青岛、聊城、济南（图 1-9）。其中：

提高幅度超过 15% 的市有 3 个，分别是：东营、淄博、德州。

提高幅度在 10%～15% 的市有 6 个，分别是：滨州、威海、烟台、泰安、日照、枣庄。

提高幅度在 0～10% 的市有 5 个，分别是：菏泽、济宁、潍坊、临沂、青岛。

聊城、济南综合科技创新水平指数较上年有所下降。

济南	105.15	
青岛	104.07	
淄博	92.77	
威海	89.47	
东营	81.15	
烟台	80.24	
泰安	74.05	
德州	62.21	
滨州	61.25	
潍坊	60.79	
日照	59.84	
济宁	55.08	
枣庄	54.02	
聊城	47.85	
临沂	43.35	
菏泽	38.93	

（a）当年各市综合科技创新水平指数（%）

济南	112.32	
青岛	103.63	
淄博	75.94	
威海	74.72	
烟台	66.30	
泰安	60.17	
潍坊	58.76	
东营	57.98	
济宁	49.53	
聊城	48.81	
德州	47.13	
日照	46.48	
滨州	46.35	
枣庄	44.01	
临沂	41.71	
菏泽	30.97	

（b）上年各市综合科技创新水平指数（%）

图 1-8　区域综合科技创新水平指数

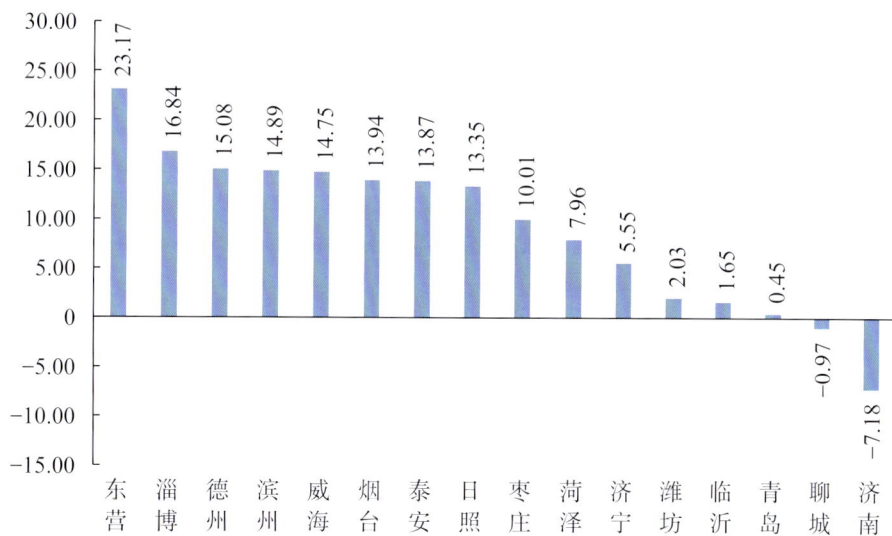

图 1-9　当年区域综合科技创新水平指数较上年提高百分点

数据（图1-9）：东营 23.17，淄博 16.84，德州 15.08，滨州 14.89，威海 14.75，烟台 13.94，泰安 13.87，日照 13.35，枣庄 10.01，菏泽 7.96，济宁 5.55，潍坊 2.03，临沂 1.65，青岛 0.45，聊城 -0.97，济南 -7.18

从区域综合创新水平发展变化来看，十六市之间的差距较上年有所缩小。经测算，2019 年，十六市综合创新水平的差异系数为 30.01%，较上年下降了 6.12 个百分点，说明各市之间科技创新发展水平差距缩小，区域协调进一步好转。从三大经济圈来看，三大经济圈内部差异均有不同程度缩小，省会经济圈内部差异缩小明显（表 1-2）。

表 1-2 区域差异系数

地区	差异系数（%）	
	当年	上年
各市之间	30.01	36.13
省会经济圈	26.44	36.89
胶东经济圈	24.04	30.70
鲁南经济圈	16.64	18.73

（二）三大经济圈创新发展变化

2020 年，为实施区域协调发展战略，加快建立区域协调发展新机制，推动省会、胶东、鲁南 3 个经济圈（图 1-10）一体化发展，打造山东省高质量发展强劲引擎，山东省人民政府相继发布《关于加快胶东经济圈一体化发展的指导意见》《关于加快省会经济圈一体化发展的指导意见》《关于加快鲁南经济圈一体化发展的指导意见》3 个文件，对三大经济圈一体化做出了规划和部署。

图 1-10 山东省三大经济圈布局

1. 省会经济圈综合创新能力不断提高

省会经济圈定位打造黄河流域生态保护和高质量发展示范区、全国动能转换区域传导引领区、世界文明交流互鉴新高地。省会经济圈内创新水平差异系数较上年缩小 10.45 个百分点，综合科技创新水平较高。济南作为省会经济圈的龙头，科技创新水平保持全省首位。

从创新资源集聚来看，省会经济圈拥有全省近一半的 R&D 人员和 R&D 经费。2019 年，省会经济圈 R&D 经费支出达到 645.33 亿元，占全省 R&D 经费支出的 43.17%。投入强度达到 2.44%，超过全省平均水平（2.10%）。其中基础研究经费占 R&D 经费支出的比重达到 5.02%，远高于全省平均水平（3.84%）。地方财政科技支出 95.97 亿元，占全省地方财政科技支出比重为 31.39%，地方财政科技支出占公共财政支出比重为 2.62%，低于全省平均水平（2.85%）0.23 个百分点，说明省会经济圈在政府资金推动科技创新方面有待加强。R&D 人员 12.49 万人年，占全省总数的 44.80%；每万名就业人员中研发人员数 57.03 人年，高于全省平均水平（46.56 人年）。

从创新产出来看，2019 年，省会经济圈年登记技术合同成交额 572.19 亿元，占全省总量的近一半。每亿元 GDP 年登记技术合同成交额 216.70 万元，超过全省平均水平（162.13 万元）。发明专利申请量占全省总量的 39.47%，发明专利授权量占全省总量的 37.24%。

从企业创新活动来看，省会经济圈规模以上工业企业 R&D 经费支出占主营业务收入的比重为 1.42%，低于全省平均水平；规模以上工业企业 R&D 经费支出占全省规模以上工业企业 R&D 经费支出的 41.67%。有研发机构的规模以上工业企业占规模以上工业企业比重为 11.99%，高于全省平均水平（9.46%）2.53 个百分点；有研发活动的规模以上工业企业占规模以上工业企业比重达 30.54%，超过全省平均水平（26.22%）。

从评价结果来看，省会经济圈七市中，济南、淄博、东营、泰安、德州、滨州占据全省综合科技创新水平指数前十的 6 个席位。东营、淄博、德州、滨州综合科技创新水平指数较上年提高幅度列全省前 4 位。其中，滨州综合科技创新水平指数上升位次最多，由上年的第 13 位上升至第 9 位；其次是东营、德州，综合科技创新水平指数位次均较上年上升 3 位。

综上所述，省会经济圈综合创新水平提升较快。但地方财政科技支出占公共财政支出比重、规上工业企业研发经费占比均低于全省平均水平，需增强政府财政资金对科技的支持，加大企业研发经费的投入力度。

2. 胶东经济圈一体化发展成效显著

胶东经济圈定位是全国重要的航运贸易中心、金融中心和海洋生态文明示范区，世界先进水平的海洋科教核心区和现代海洋产业集聚区。胶东经济圈一体化成效明显，胶东经济圈内创新水平差异系数较上年缩小 6.66 个百分点。青岛作为胶东经济圈龙头，其创新实力居全省前列。

从创新资源集聚来看，2019 年，胶东经济圈 R&D 经费支出达到 662.54 亿元，占全省 R&D 经费支出的 44.33%。投入强度达到 2.21%，超过全省平均水平（2.10%）。基础研究经费支出占 R&D 经费支出的比重为 3.38%，低于全省平均水平 0.46 个百分点。地方财政科技支出 140.23 亿元，占全省地方财政科技支出比重为 45.86%。地方财政科技支出占公共财政支出比重为 3.75%，高于全省平均水平（2.85%）0.9 个百分点。R&D 人员 12.01 万人年，占全省总数的 43.06%。每万名就业人员中研发人员数 62.61 人年，高于全省平均水平 16.05 人年。

从创新产出来看，2019 年，胶东经济圈年登记技术合同成交额占全省总量的 39.56%。每亿元 GDP 年登记技术合同成交额 151.97 万元。发明专利申请量、发明专利授权量占全省总量的比重均超过 50%。

从企业创新活动来看，规模以上工业企业 R&D 经费支出达到 539.59 亿元，占主营业务收入的比重为 1.77%，超过全省平均水平（1.53%），占全省规模以上工业企业 R&D 经费支出的 44.56%。有研发活动的规模以上工业企业占规模以上工业企业比重达到了 29.62%，高于全省平均水平（26.22%）。规模以上工业企业中有研发机构的企业数占比仅为 8.98%，低于全省平均水平。

从评价结果来看，创新产出指数前 8 位中，胶东经济圈五市均包含在内。青岛创新资源、企业创新、创新绩效指数均居全省第 1 位；日照创新产出指数提高幅度居全省第 1 位；烟台创新环境指数提高幅度居全省第 1 位；威海企业创新指数提高幅度居全省第 2 位。五市实际使用外资金额占全省比重达 67.34%，高新技术企业数量占全省比重达 53.92%，规模以上工业企业新产品销售收入占全省比重达 43.95%。

综上所述，胶东经济圈研发投入水平较高，创新产出成效显著。但其整体基础研究经费偏低，成果转化力度不高，有研发机构的企业数占比略低。

3.鲁南经济圈创新发展潜力明显提升

鲁南经济圈定位是乡村振兴先行区、转型发展新高地、淮河流域经济隆起带，实现突破菏泽、振兴鲁南，培育全省高质量发展新引擎。临沂作为首个轮值市，努力推动鲁南经济圈一体化发展实现良好开局。2019年，鲁南经济圈内各市创新水平差异系数较上年略有缩小，说明鲁南经济圈内一体化发展进一步好转。

创新资源集聚有明显好转。地方财政科技支出较上年增加3.39亿元，地方财政科技支出占公共财政支出比重较上年提高0.08个百分点。基础研究经费支出占R&D经费支出的比重达到1.37%，较上年提高0.12个百分点。

技术交易活跃。2019年，年登记技术合同成交额124.18亿元，较上年增长16.80%。每亿元GDP年登记技术合同成交额较上年增长17.96万元，说明市场对技术的需求增大，经济发展有较强的内生动力。

高新技术产业发展较快。2019年，高新技术企业数量1383家，较上年增加357家，占全省总数的比重较上年提高0.55个百分点。有研发机构的规模以上工业企业占规模以上工业企业比重较上年提高0.66个百分点。鲁南经济圈各市在规模以上工业企业新产品销售收入占主营业务收入比重、规模以上高新技术产业产值占规模以上工业产值比重两个指标方面均有不同程度的提高。

从评价结果来看，鲁南经济圈四市企业创新指数提高幅度跻身全省前十。枣庄综合科技创新水平指数位次较上年上升1位，临沂规模以上高新技术产业产值占规模以上工业产值比重提高幅度居全省第1位，菏泽万元GDP综合能耗较上年降低率居全省第2位。

综上所述，鲁南经济圈发展潜力较大，但仍存在创新实力不足的短板。应在今后的发展中，借助国家战略发展的机遇，挖掘潜力，提升创新实力，进而提升全省的创新能力和水平。

表1-3所示为2019年三大经济圈主要创新指标情况。

表 1-3　2019 年三大经济圈主要创新指标比较

指标	省会经济圈	胶东经济圈	鲁南经济圈
全社会 R&D 经费支出（亿元）	645.33	662.54	186.85
全社会 R&D 经费支出占 GDP 比重（%）	2.44	2.21	1.33
全社会 R&D 经费支出占全省 R&D 经费支出比重（%）	43.17	44.33	12.50
地方财政科技支出（亿元）	95.97	140.23	20.05
地方财政科技支出占公共财政支出比重（%）	2.62	3.75	0.89
地方财政科技支出占全省地方财政科技支出比重（%）	31.39	45.86	6.56
研发人员数（人年）	124 886	120 054	33 850
每万名就业人员中研发人员数（人年）	57.03	62.61	18.00
研发人员占全省研发人员比重（%）	44.80	43.06	12.14
基础研究经费支出（亿元）	32.38	22.40	2.56
基础研究经费支出占 R&D 经费支出的比重（%）	5.02	3.38	1.37
基础研究经费支出占全省基础研究经费比重（%）	56.48	39.06	4.47
每亿元 GDP 年登记技术合同成交额（万元）	216.70	151.97	88.23
年登记技术合同成交额占全省比重（%）	49.66	39.56	10.78
发明专利授权量（件）	7691	11539	1422
发明专利授权量占全省总量的比重（%）	37.24	55.87	6.89
规上工业企业 R&D 经费支出（亿元）	504.66	539.59	166.70
规上工业企业 R&D 经费支出占主营业务收入的比重（%）	1.42	1.77	1.27
规上工业企业 R&D 经费支出占全省规上企业总支出的比重（%）	41.67	44.56	13.77
有研发机构的规模以上工业企业占规模以上工业企业比重（%）	11.99	8.98	6.92
有研发活动的规模以上工业企业占规模以上工业企业比重（%）	30.54	29.62	15.90

（三）区域科技创新的特征

从 16 个市综合科技创新评价结果看，区域科技创新呈现以下 4 个突出特征。

1. 济南、青岛、烟台"三核"创新引领作用增强

三市研发经费支出占全省比重超过 40%；高新技术企业数占全省比重超过 60%；发明专利申请量占全省比重达到 60.83%；研发人员全时当量占全省比重接近 50%。

2. 创新型城市高质量发展势头良好

列入国家创新型城市建设的济南、青岛、烟台、潍坊、东营、济宁 6 个市的研发经费支出占全省比重为 59.45%；年登记技术合同成交额占全省比重超过 60%；研发人员全时当量占全省比重达到 61.16%；有研发机构的规模以上工业企业占全省比重达到 51.99%；发明专利授权量占全省比重超过 80%。淄博、威海、日照三市争创国家创新型城市势头良好，三市综合科技创新水平指数较上年提高幅度均在 10% 以上。

3. 三大经济圈创新驱动发展成效显著

省会经济圈七市中有 6 个市占据全省综合科技创新水平指数前十，4 个市较上年提高幅度列全省前四。胶东经济圈五市创新产出指数列全省前八，青岛 3 个一级指标列全省首位。鲁南经济圈四市企业创新指数提高幅度跻身全省前十。

4. 区域创新发展不平衡有所缓和

全省十六市综合创新水平指数最高值与最低值差距较上年明显减小，十六市之间创新能力差异系数由上年的 36.13% 缩小为 30.01%，省会经济圈、胶东经济圈、鲁南经济圈内部创新能力差异系数均有不同程度缩小，说明全省区域创新发展不平衡局面有所缓和。

第二部分　区域科技创新各级指标评价

一、区域科技创新一级指标评价

（一）创新资源评价

从创新资源指数来看，2019 年，青岛、东营、济南、淄博、威海、滨州居全省前 6 位，创新资源指数在 60% 以上，其中，青岛、东营、济南 3 个市创新资源指数均超过 90%，优势明显。有 10 个市创新资源指数较上年实现增长，其中，东营增长幅度最大，创新资源指数较上年提高 49.12 个百分点；其余 6 个市创新资源指数较上年有所下降（图 2–1 和图 2–2）。

与上年相比，创新资源指数位次上升最多的是东营，由上年的第 10 位上升至第 2 位，主要原因是全社会 R&D 经费支出占 GDP 的比重、基础研究经费支出占 R&D 经费支出的比重这 2 个指标提高幅度均列全省首位，位次提升较大，前者由上年的第 13 位上升至第 8 位，后者由上年的第 7 位跃升至第 1 位。其次是日照、泰安、枣庄，位次均较上年上升 2 位，原因分别是：日照全社会 R&D 经费支出占 GDP 的比重、地方财政科技支出占公共财政支出的比重、每万名就业人员中研发人员数等 3 个指标提高幅度均列全省前 4 位；泰安全社会 R&D 经费支出占 GDP 的比重和基础研究经费支出占 R&D 经费支出的比重位次均较上年上升 1 位；枣庄全社会 R&D 经费支出占 GDP 的比重和地方财政科技支出占公共财政支出的比重位次分别较上年上升 3 位和 1 位。青岛位次上升 1 位。

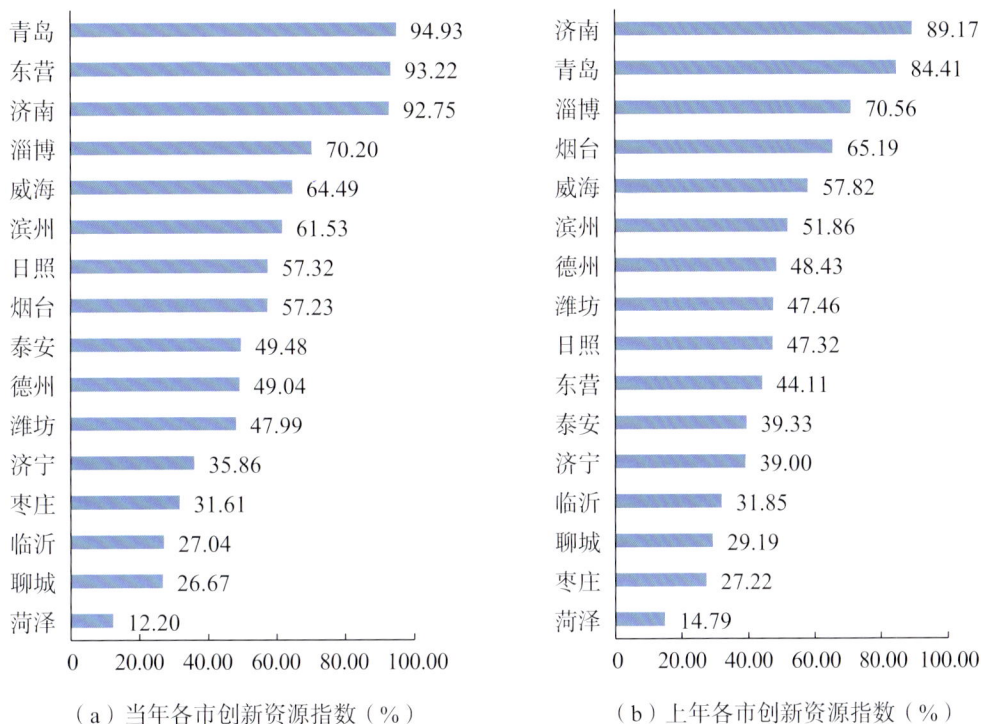

（a）当年各市创新资源指数（%）　　　（b）上年各市创新资源指数（%）

图 2-1　区域创新资源指数

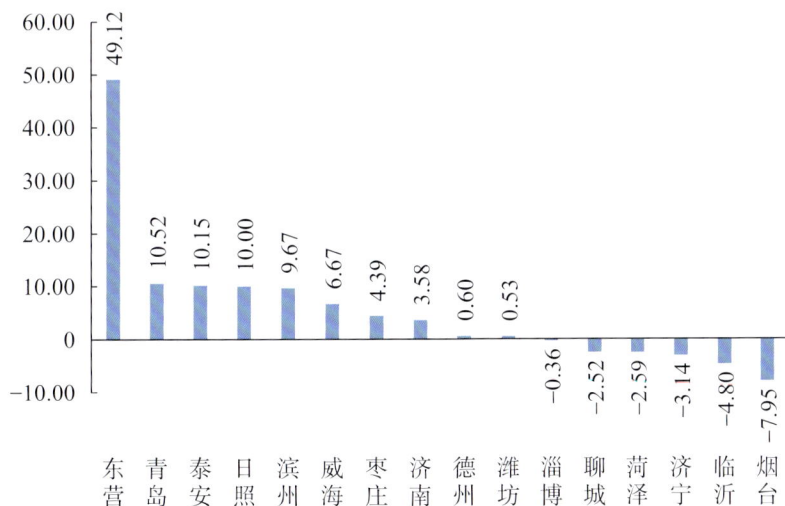

图 2-2　当年区域创新资源指数较上年提高百分点

　　创新资源指数位次下降最多的是烟台，由上年的第 4 位下降至第 8 位，下降 4 位，主要因为全社会 R&D 经费支出占 GDP 比重和每万名就业人员中研发人员数下降幅度较大,分别降至全省第 14 位和第 7 位。其次是潍坊和德州,均较上年下降 3 位,潍坊下降的原因是创新资源 4 个二级指标中除基础研究经费支出占 R&D 经费支出的比重位次较上年上升 2 位外,其他 3 个指标位次均较上年出现下降;德州主要是因为地方财政科技支出占公共财政支出的比重下降幅度较大,由上年的第 3 位下降至第 9 位。济南由于全社会 R&D 经费支出占 GDP 的比重和每万名就业人员中研发人员数下降幅度较大导致其创新资源指数位次由上年的第 1 位降至第 3 位。淄博、临沂、聊城位次较上年均下降 1 位。

(二)创新产出评价

从创新产出指数来看,2019 年,济南、淄博、青岛、威海、东营、日照居全省前 6 位,创新产出指数在 70% 以上,其中,济南、淄博、青岛等 3 个市创新产出指数超过 120%,济南更是达到 162.54%,遥遥领先其他各市。除临沂外,15 个市创新产出指数较上年实现增长(图 2-3 和图 2-4)。

与上年相比,日照创新产出指数位次上升最多,由上年的第 12 位上升至第 6 位,原因是日照创新产出 3 个二级指标均较上年有所增长,其中,每亿元 GDP 年登记技术合同成交额较上年提高幅度最大,指标位次由上年的第 13 位上升至第 3 位。德州位次上升 3 位,由上年的第 16 位上升至第 13 位;与日照相同,德州创新产出 3 个二级指标较上年均实现增长,其中每亿元 GDP 年登记技术合同成交额位次较上年上升 2 位,每万人发明专利拥有量位次较上年上升 1 位。淄博、威海、东营、滨州位次均上升 1 位。

创新产出指数位次下降最多的是潍坊,较上年下降 4 位,主要原因是每亿元 GDP 发明专利申请数较上年下降幅度较大,每亿元 GDP 年登记技术合同成交额虽较上年有所增长,但增长幅度较小,使得该指标位次由上年的第 7 位下降至第 11 位。泰安、济宁、菏泽、临沂等 4 个市位次均较上年下降 2 位,青岛位次下降 1 位。泰安创新产出 3 个二级指标虽较上年均实现增长,但增长幅度处于全省中游位置,以至于被增幅较大的日照等市赶超,致使位次下降;济宁每亿元 GDP 年登记技术合同成交额和每亿元 GDP 发明专利申请数位次分别较上年下降 2 位和 4 位;菏泽每亿元 GDP 年登记技术合同成交额和每万人发明专利拥有量较上年提高幅度均列全省第 15 位;临沂每亿元 GDP 发明专利申请数较上年下降 4 位,每亿元 GDP 年登记技术合同成交额和每万人发明专利拥有量均较上年下降 2 位。

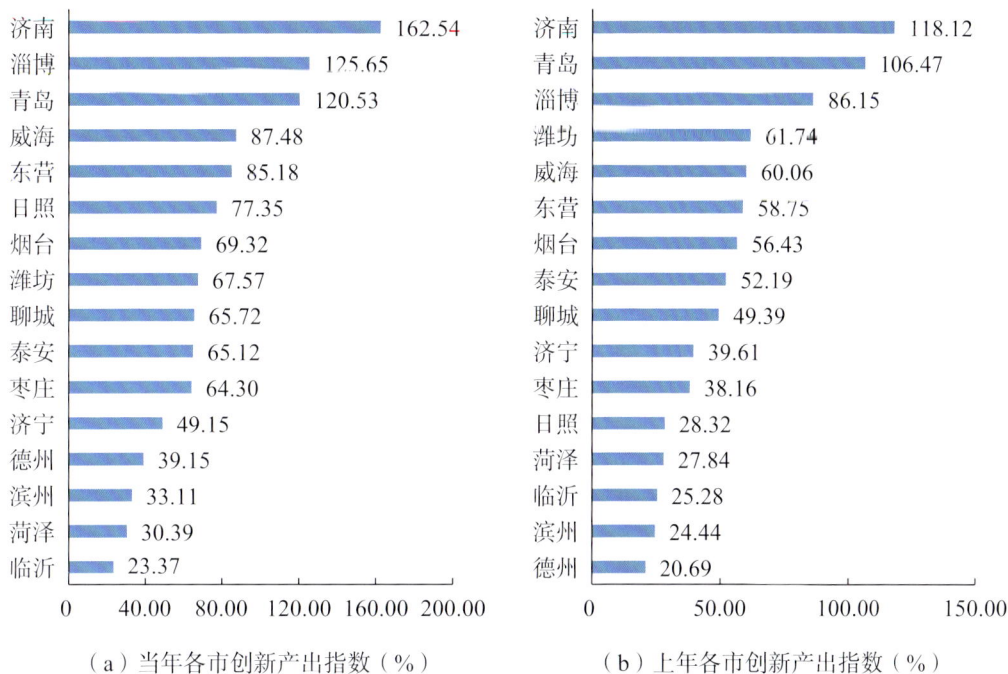

（a）当年各市创新产出指数（%）　　　（b）上年各市创新产出指数（%）

图 2-3　区域创新产出指数

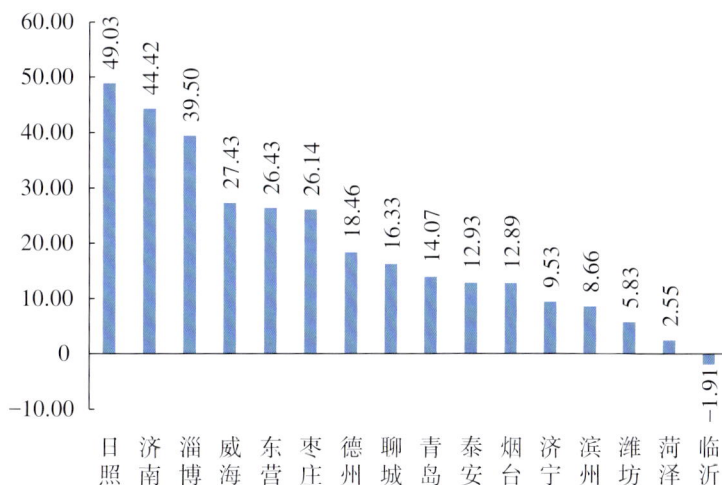

图 2-4　当年区域创新产出指数较上年提高百分点

（三）企业创新评价

从企业创新指数来看，2019 年，青岛、泰安、威海、德州、济南、淄博居全省前 6 位，企业创新指数均在 90% 以上。有 10 个市企业创新指数较上年增长，其余

6 个市较上年出现不同程度下降（图 2-5 和图 2-6）。

与上年相比，企业创新指数位次上升最多的是德州，由上年的第 10 位上升至第 4 位，位次上升 6 位，原因是德州企业创新 5 个二级指标位次均较上年有所上升，其中，规模以上工业企业 R&D 人员占规模以上工业企业从业人员比重、有研发机构的规模以上工业企业占规模以上工业企业比重、规模以上工业企业新产品销售收入占主营业务收入比重等 3 个指标位次上升 7 位以上。威海位次上升 4 位，主要原因是规模以上工业企业 R&D 经费支出占主营业务收入比重和有研发机构的规模以上工业企业占规模以上工业企业比重提高幅度均居全省首位。临沂由于规模以上工业企业 R&D 经费支出占主营业务收入比重和规模以上工业企业新产品销售收入占主营业务收入比重提高幅度较大，使得企业创新指数位次上升 3 位。济宁和枣庄位次上升 2 位，前者主要是因为有研发机构的规模以上工业企业占规模以上工业企业比重位次上升较多，由上年的第 9 位上升至第 6 位；后者主要是因为规模以上工业企业新产品销售收入占主营业务收入比重位次上升较多，由上年的第 14 位上升至第 12 位。青岛、泰安位次均上升 1 位。

企业创新指数位次下降最多的是聊城，较上年下降 7 位，原因是企业创新 5 个二级指标中除有研发机构的规模以上工业企业占规模以上工业企业比重较上年有所增长外，其余 4 个二级指标均较上年下降，其中规模以上工业企业新产品销售收入占主营业务收入比重位次下降最多，由上年全省第 1 位下降至第 11 位。其次是济南，位次下降 4 位，主要原因是规模以上工业企业 R&D 经费支出占主营业务收入比重和规模以上工业企业 R&D 人员占规模以上工业企业从业人员比重较上年下降幅度均居全省首位。烟台、日照位次均下降 3 位，烟台企业创新指数 5 个二级指标中规模以上工业企业 R&D 经费支出占主营业务收入比重、规模以上工业企业 R&D 人员占规模以上工业企业从业人员比重、有研发机构的规模以上工业企业占规模以上工业企业比重、规模以上工业企业新产品销售收入占主营业务收入比重等 4 个指标位次均较上年有所下降，其中有研发机构的规模以上工业企业占规模以上工业企业比重位次下降最多，由上年的第 5 位下降至第 12 位；日照规模以上工业企业 R&D 人员占规模以上工业企业从业人员比重和有研发机构的规模以上工业企业占规模以上工业企业比重位次均较上年下降，前者位次下降 2 位，后者位次下降 7 位。淄博主要因为规模以上工业企业 R&D 人员占规模以上工业企业从业人员比重下降幅度较大，使得企业创新指数位次下降 2 位。

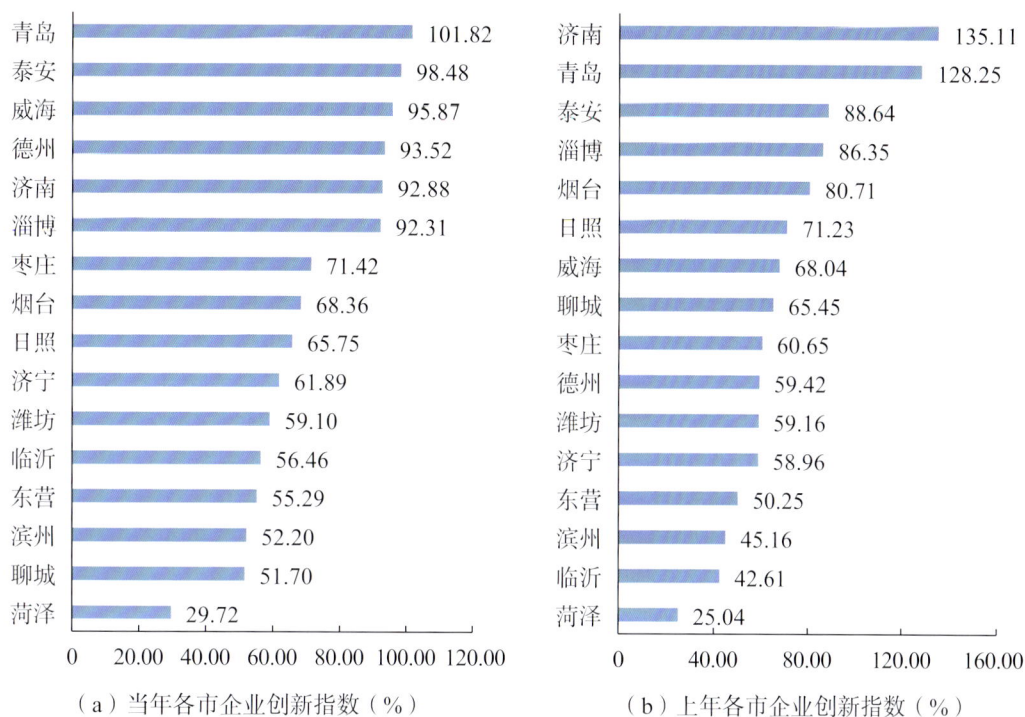

（a）当年各市企业创新指数（%）　　　　（b）上年各市企业创新指数（%）

图 2-5　区域企业创新指数

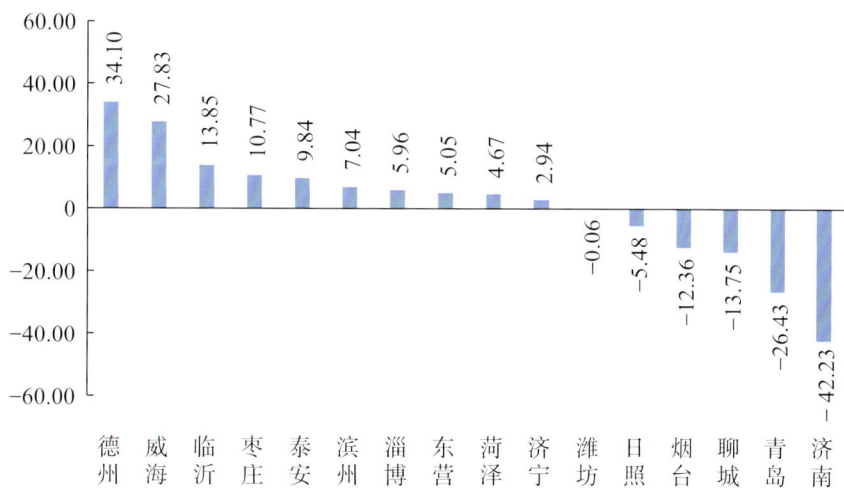

图 2-6　当年区域企业创新指数较上年提高百分点

（四）创新绩效评价

从创新绩效指数来看，2019 年，青岛、东营、济南、威海、烟台、淄博居全省前 6 位，创新绩效指数达到 70% 以上，其中，青岛、东营最为突出，创新绩效指数均在 90% 以上。有 9 个市创新绩效指数较上年实现增长，其他市均出现下降（图 2-7 和图 2-8）。

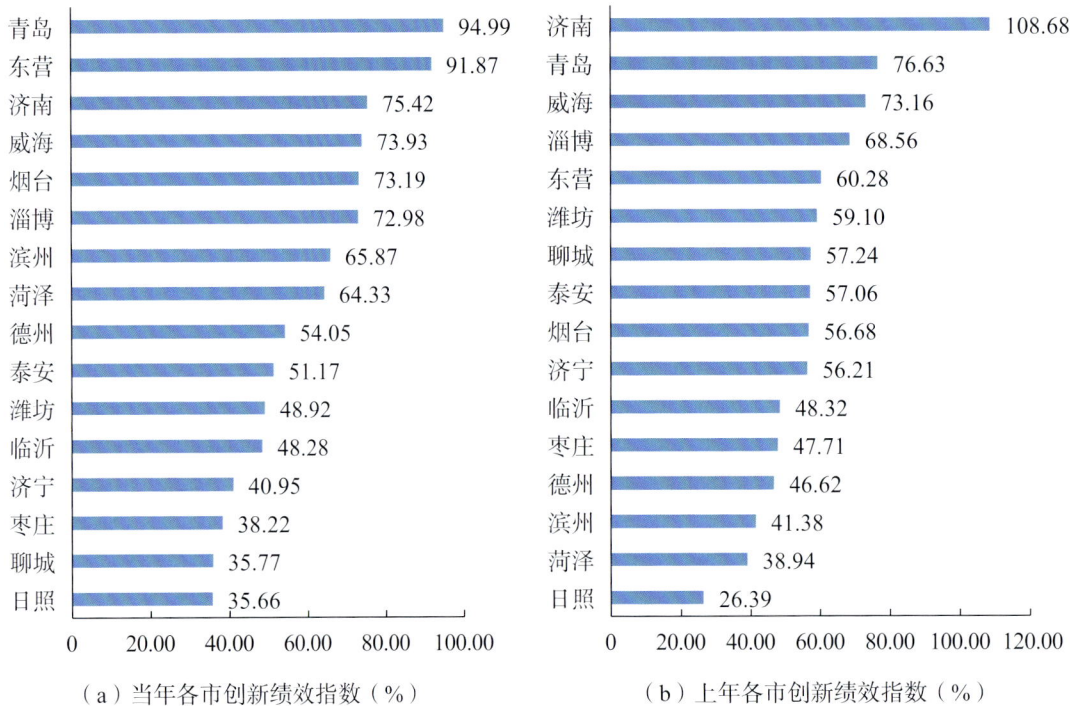

（a）当年各市创新绩效指数（%）　　（b）上年各市创新绩效指数（%）

图 2-7　区域创新绩效指数

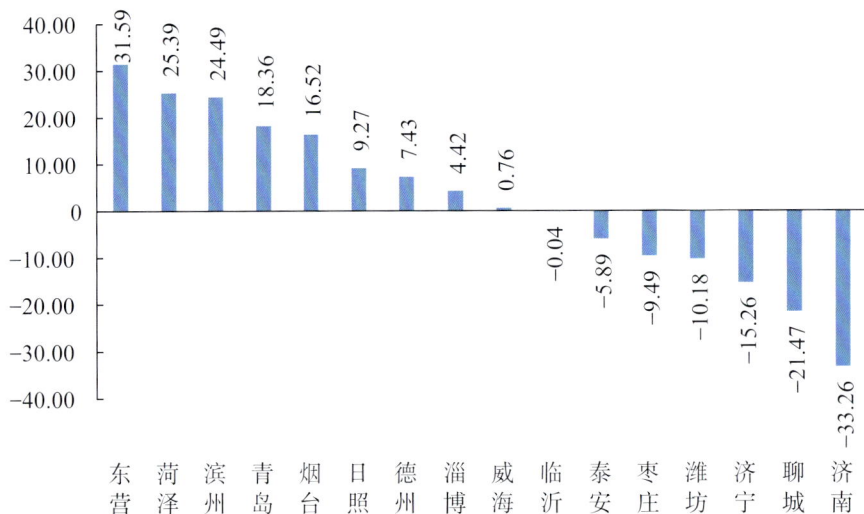

图 2-8　当年区域创新绩效指数较上年提高百分点

与上年相比，滨州、菏泽创新绩效指数位次上升最多，上升 7 位，均因为两市全员劳动生产率和万元 GDP 综合能耗较上年降低率指数提高幅度居全省前列，使得创新绩效指数位次实现大幅提升。其次是德州和烟台，位次上升 4 位，德州全员劳动生产率和万元 GDP 综合能耗较上年降低率位次均有不同程度提升；烟台电子商务销售额占 GDP 比重和全员劳动生产率位次均较上年上升 2 位。东营位次上升 3 位，原因是创新绩效 4 个二级指标除全员劳动生产率下降外，其余指标指数和位次均较上年实现不同程度增长。青岛位次上升 1 位。

聊城创新绩效指数位次下降最多，较上年下降 8 位，由上年的第 7 位下降至第 15 位，主要原因是聊城万元 GDP 综合能耗较上年不降反升，指数下降幅度居全省首位，位次由上年的第 2 位下降至第 16 位。其次是潍坊，主要因为万元 GDP 综合能耗较上年上升，由上年的第 7 位下降至第 15 位，导致创新绩效指数位次较上年下降 5 位。济宁主要由于规模以上高新技术产业产值占规模以上工业产值比重、电子商务销售额占 GDP 比重位次均较上年有不同程度下降，使得创新绩效指数位次下降 3 位。济南、淄博、泰安、枣庄位次均下降 2 位，济南主要原因是规模以上高新技术产业产值占规模以上工业产值比重和万元 GDP 综合能耗较上年降低率等指标下降幅度较大；淄博是因为规模以上高新技术产业产值占规模以上工业产值比重和全员劳动生产率指标下降幅度较大；泰安全员劳动生产率指标下降幅度较大，致使创新绩效指数被增长较快的烟台等市赶超，位次下降；枣庄主要因为劳动生产率和万元 GDP 综合能耗较上年降低率指数下降幅度较大。威海、临沂位次均下降 1 位。

（五）创新环境评价

从创新环境指数来看，2019 年，烟台、威海、济南、青岛、淄博、泰安、滨州居全省前 7 位，创新环境指数均在 100% 以上，其中，烟台、威海创新环境指数超过 130%。临沂、青岛创新环境指数较上年有所下降，其他市均较上年实现增长（图 2-9 和图 2-10）。

与上年相比，烟台、泰安、济宁三市创新环境指数位次上升最多，均较上年上升 6 位，主要原因是烟台、泰安规模以上工业企业研发费用加计扣除减免税占企业研发经费的比重、科学研究和技术服务业平均工资比较系数两个指标提高幅度较大；济宁规模以上工业企业研发费用加计扣除减免税占企业研发经费的比重和每万名就业人员累计孵化企业数两个指标提高幅度较大。其次是淄博，位次上升 3 位，由上年的第 8 位上升至第 5 位，原因是规模以上工业企业研发费用加计扣除减免税占企业研发经费的比重、科学研究和技术服务业平均工资比较系数提高幅度较大，均列全省前 4 位。聊城位次上升 2 位，主要因为规模以上工业企业研发费用加计扣除减免税占企业研发经费的比重位次上升较多，由上年的第 16 位上升至第 11 位。

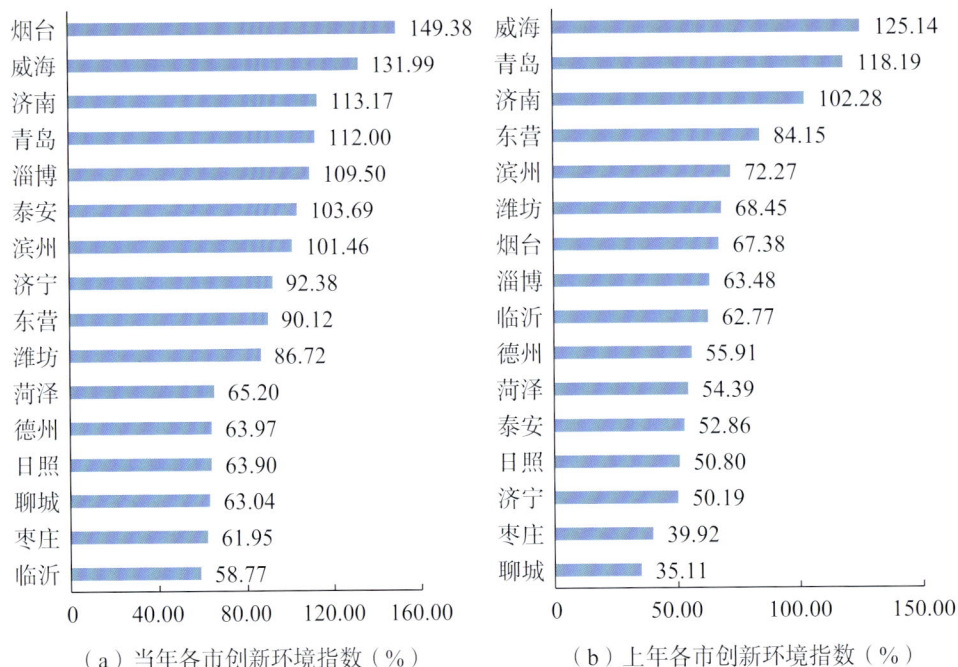

（a）当年各市创新环境指数（%）　　（b）上年各市创新环境指数（%）

图 2-9　区域创新环境指数

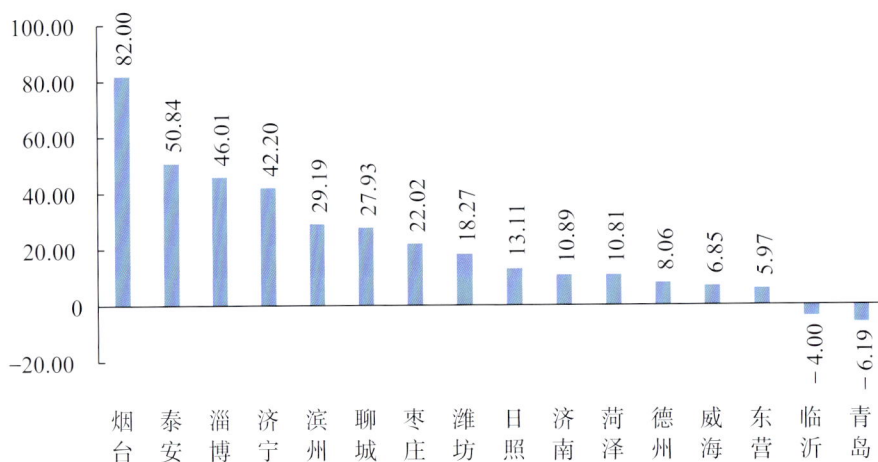

图 2-10　当年区域创新环境指数较上年提高百分点

临沂创新环境指数位次下降最多，由上年的第 9 位下降至第 16 位，原因是规模以上工业企业研发费用加计扣除减免税占企业研发经费的比重、每万名就业人员累计孵化企业数、科学研究和技术服务业平均工资比较系数等 3 个指标位次均较上年出现下降，其中，规模以上工业企业研发费用加计扣除减免税占企业研发经费的比重下降位次最多，由上年的第 5 位下降至第 14 位。东营位次下降 5 位，主要原因是规模以上工业企业研发费用加计扣除减免税占企业研发经费的比重、科学研究和技术服务业平均工资比较系数、每万人互联网宽带接入用户数等 3 个指标提高幅度均列全省后 3 位。潍坊位次下降 4 位，原因是每万名就业人员累计孵化企业数、科学研究和技术服务业平均工资比较系数、实际使用外资金额占 GDP 比重等 3 个指标提高幅度均列全省后 4 位。青岛、滨州、德州位次均下降 2 位，主要原因分别是青岛规模以上工业企业研发费用加计扣除减免税占企业研发经费的比重和实际使用外资金额占 GDP 比重较上年下降幅度较大；滨州科学研究和技术服务业平均工资比较系数下降幅度较大，位次由上年的第 5 位下降至第 10 位；德州规模以上工业企业研发费用加计扣除减免税占企业研发经费的比重和实际使用外资金额占 GDP 比重位次均较上年下降 4 位。威海位次下降 1 位。

二、区域科技创新二级指标评价[①]

1. 全社会研发（R&D）经费支出占地区生产总值（GDP）的比重（图 2-11 至图 2-13）

---

① 由于各市的"每万人拥有的受大专及以上教育程度人口数""每万元科学研究经费（基础研究经费与应用研究经费之和）的国外主要检索工具收录科技论文数量""知识密集型服务业增加值占 GDP 比重"这 3 个指标数据无法完全获取，因而对各市科技创新水平评价采用 21 个指标。另外，本节中当年评价值为各指标当年数值除以相应的评价标准计算得出，上年评价值为各指标上年数值除以相应的评价标准计算得出。

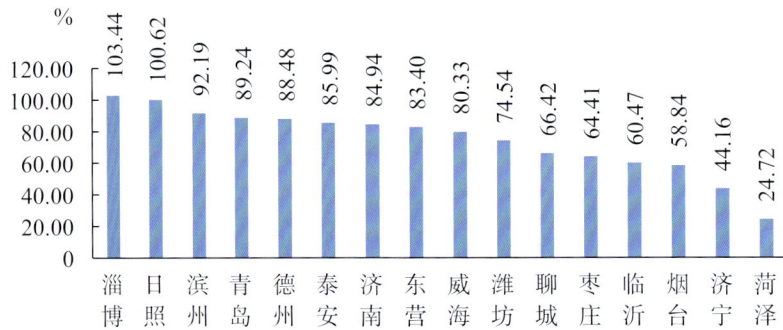

图 2-11　当年评价值

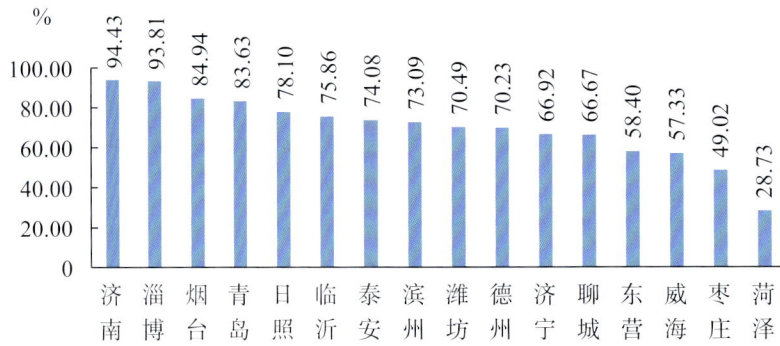

图 2-12　上年评价值

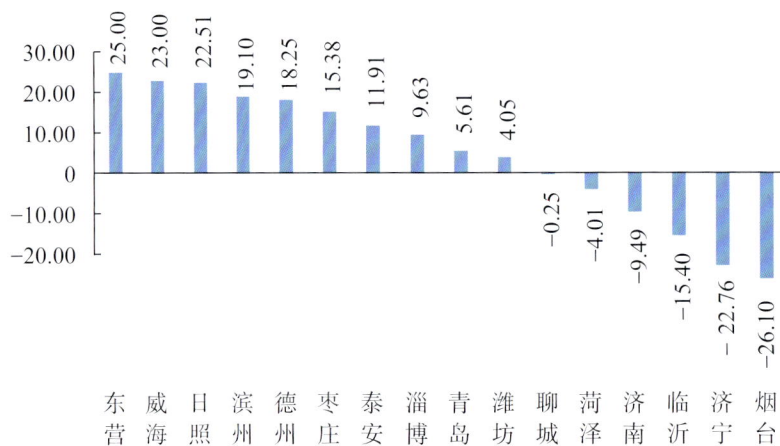

图 2-13　当年评价值比上年评价值提高百分点

2. 地方财政科技支出占公共财政支出的比重（图 2-14 至图 2-16）

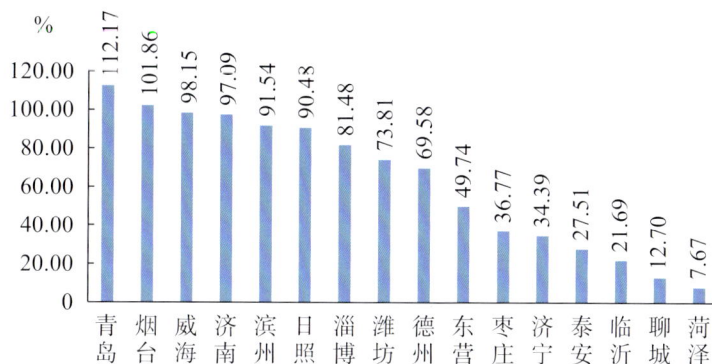

图 2-14　当年评价值

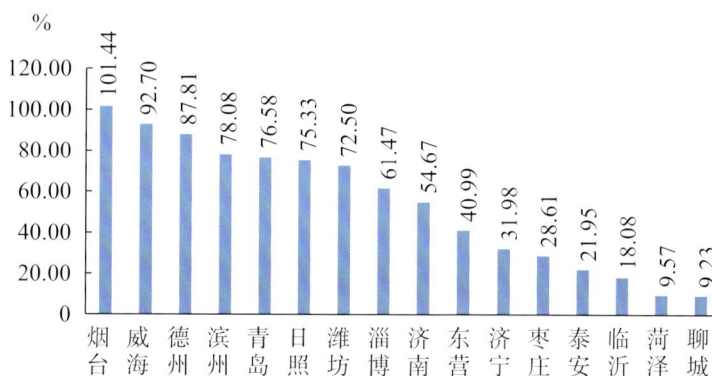

图 2-15　上年评价值

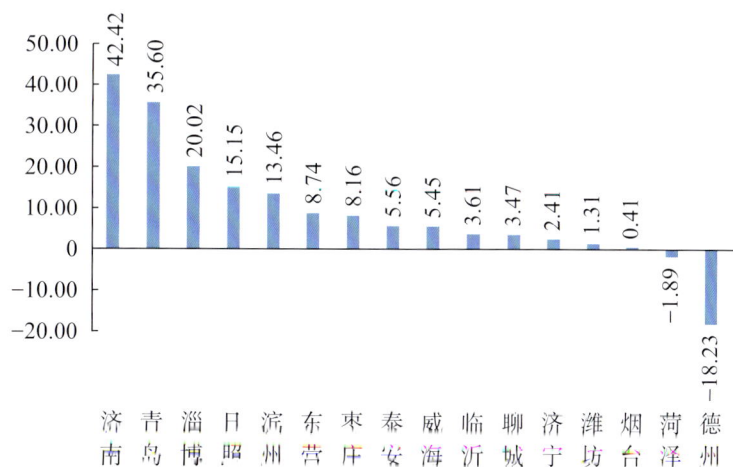

图 2-16　当年评价值比上年评价值提高百分点

3. 每万名就业人员中研发人员数（图 2-17 至图 2-19）

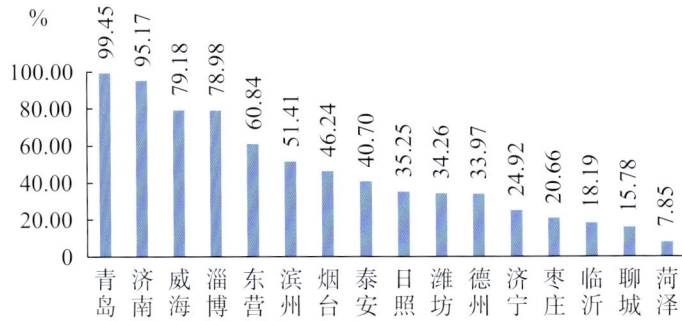

图 2-17　当年评价值

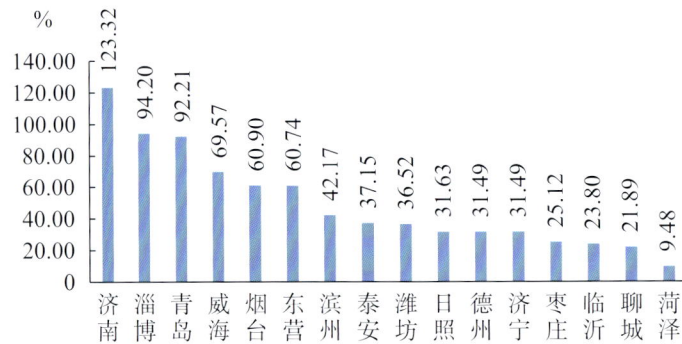

图 2-18　上年评价值

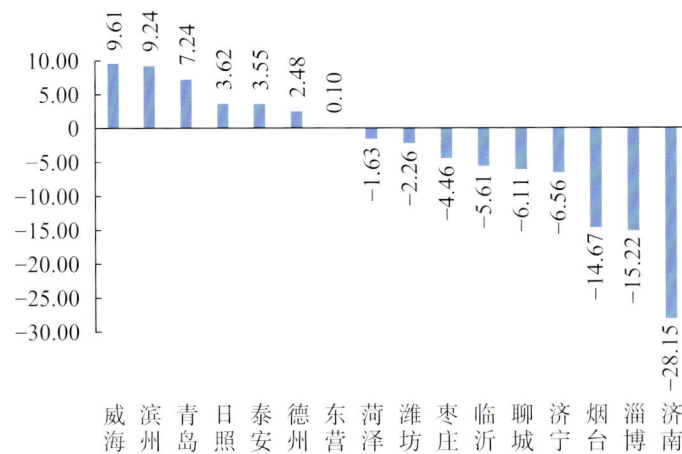

图 2-19　当年评价值比上年评价值提高百分点

4. 基础研究经费支出占 R&D 经费支出的比重（图 2-20 至图 2-22）

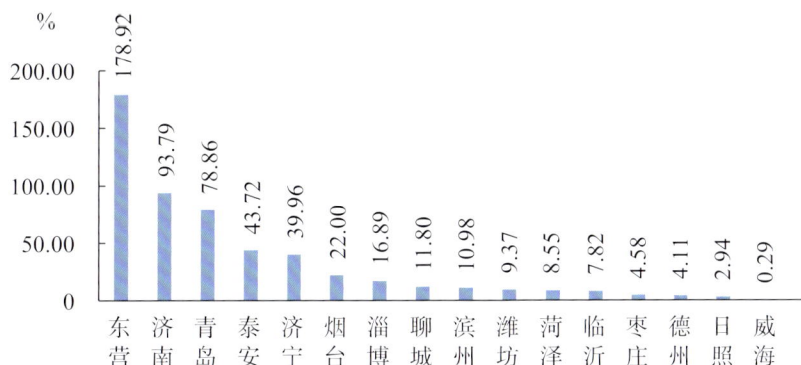

图 2-20　当年评价值

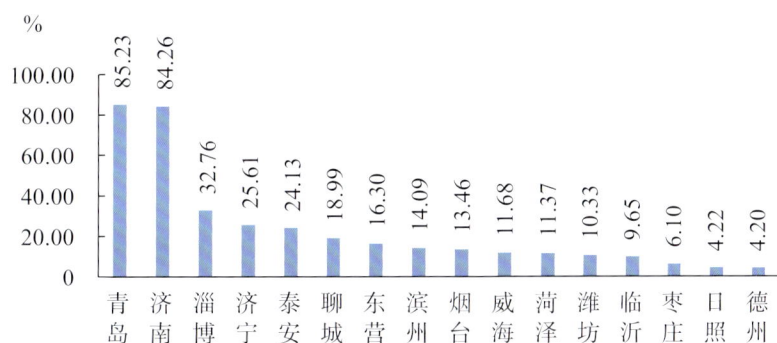

图 2-21　上年评价值

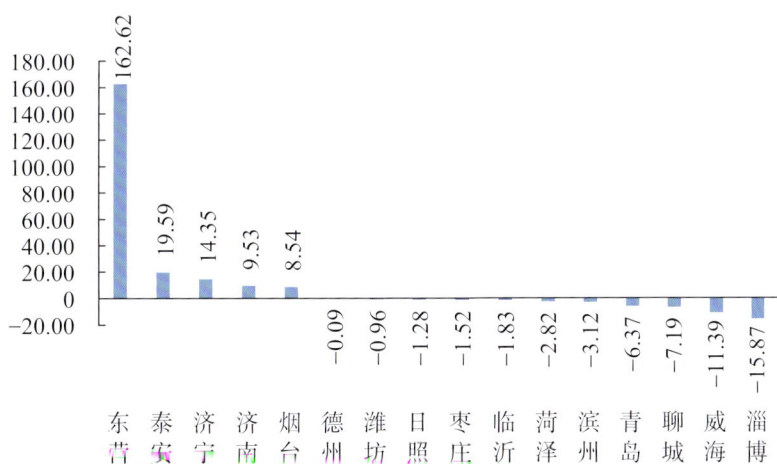

图 2-22　当年评价值比上年评价值提高百分点

5. 每亿元 GDP 年登记技术合同成交额（图 2-23 至图 2-25）

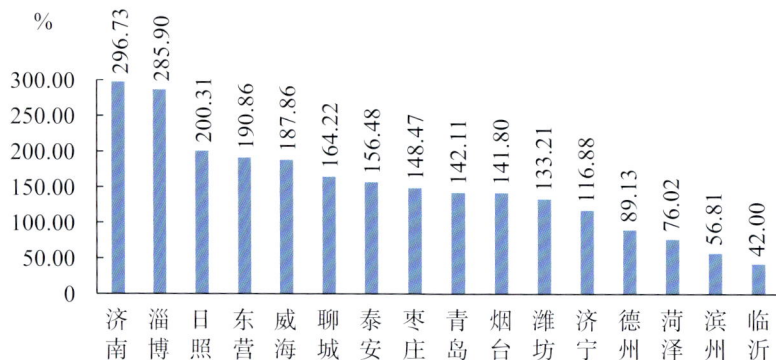

图 2-23　当年评价值

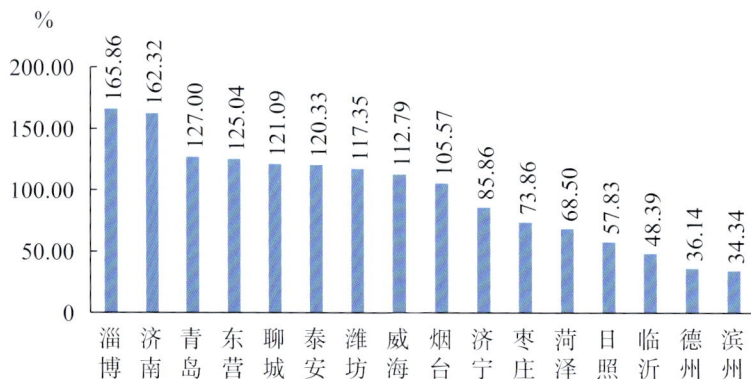

图 2-24　上年评价值

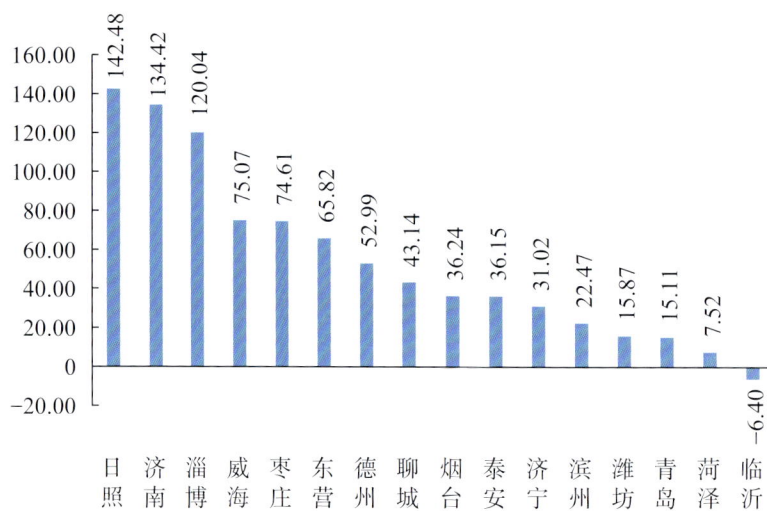

图 2-25　当年评价值比上年评价值提高百分点

6. 每亿元 GDP 发明专利申请数（图 2-26 至图 2-28）

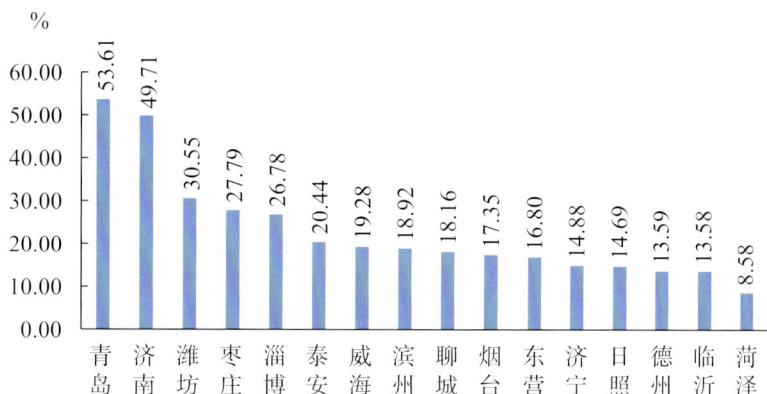

图 2-26　当年评价值

地区	数值
青岛	53.61
济南	49.71
潍坊	30.55
枣庄	27.79
淄博	26.78
泰安	20.44
威海	19.28
滨州	18.92
聊城	18.16
烟台	17.35
东营	16.80
济宁	14.88
日照	14.69
德州	13.59
临沂	13.58
菏泽	8.58

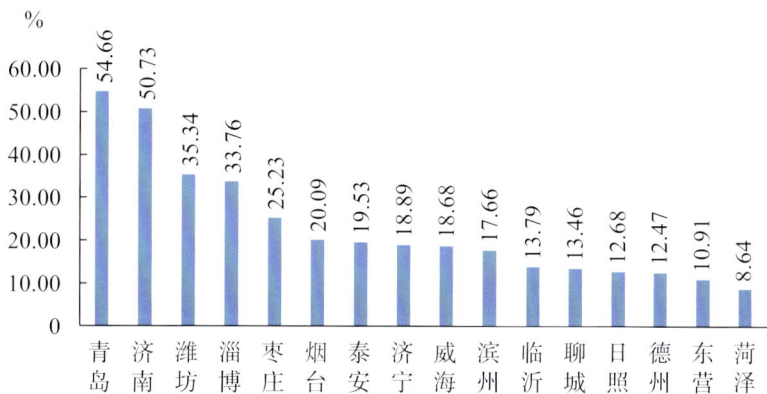

图 2-27　上年评价值

地区	数值
青岛	54.66
济南	50.73
潍坊	35.34
淄博	33.76
枣庄	25.23
烟台	20.09
泰安	19.53
济宁	18.89
威海	18.68
滨州	17.66
临沂	13.79
聊城	13.46
日照	12.68
德州	12.47
东营	10.91
菏泽	8.64

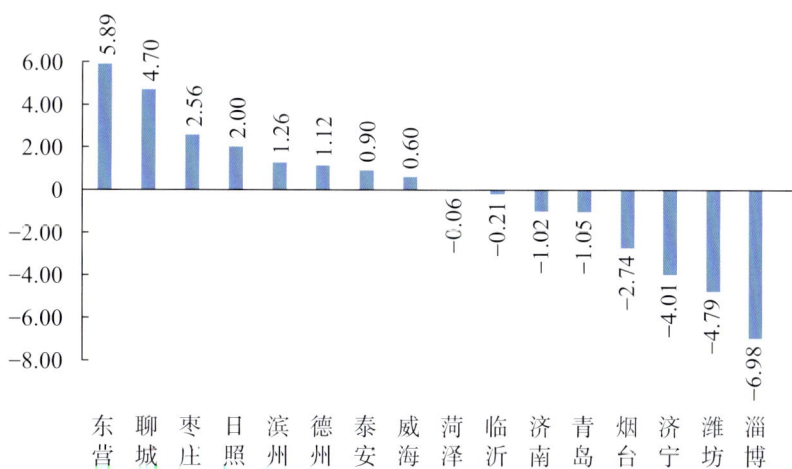

图 2-28　当年评价值比上年评价值提高百分点

地区	数值
东营	5.89
聊城	4.70
枣庄	2.56
日照	2.00
滨州	1.26
德州	1.12
泰安	0.90
威海	0.60
菏泽	-0.06
临沂	-0.21
济南	-1.02
青岛	-1.05
烟台	-2.74
济宁	-4.01
潍坊	-4.79
淄博	-6.98

7. 每万人发明专利拥有量（图 2-29 至图 2-31）

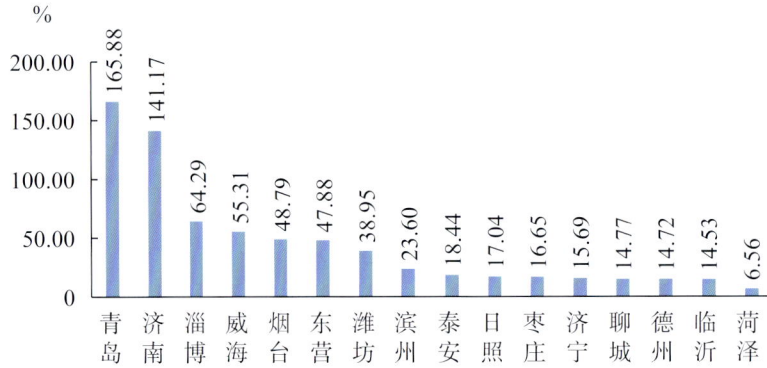

图 2-29　当年评价值

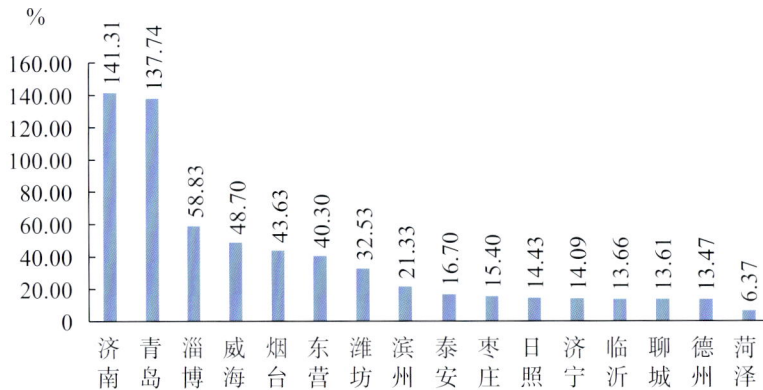

图 2-30　上年评价值

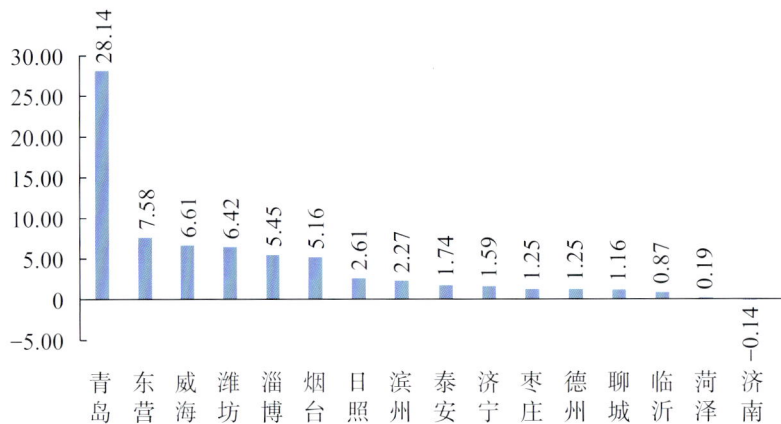

图 2-31　当年评价值比上年评价值提高百分点

8. 规模以上工业企业 R&D 经费支出占主营业务收入的比重（图 2-32 至图 2-34）

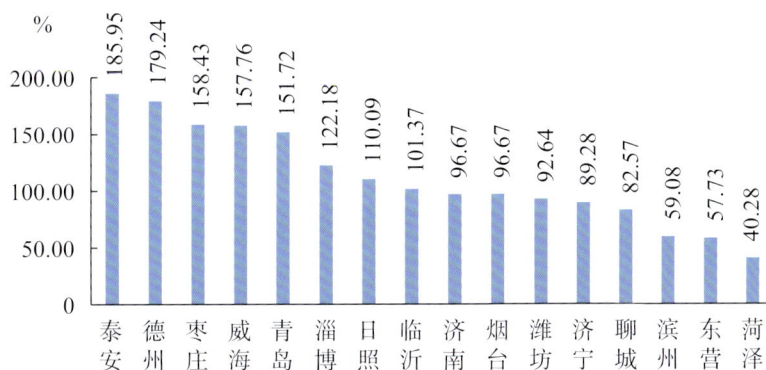

图 2-32 当年评价值

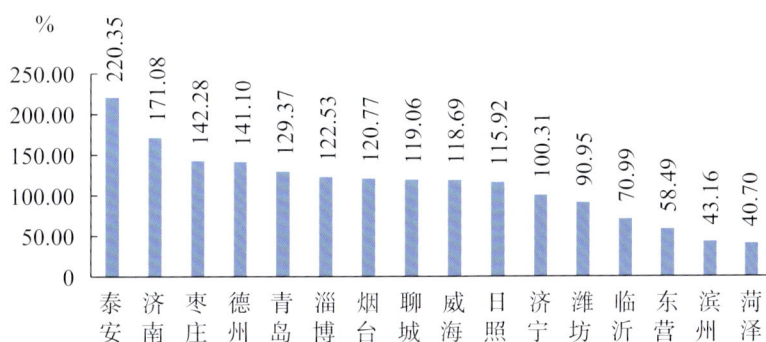

图 2-33 上年评价值

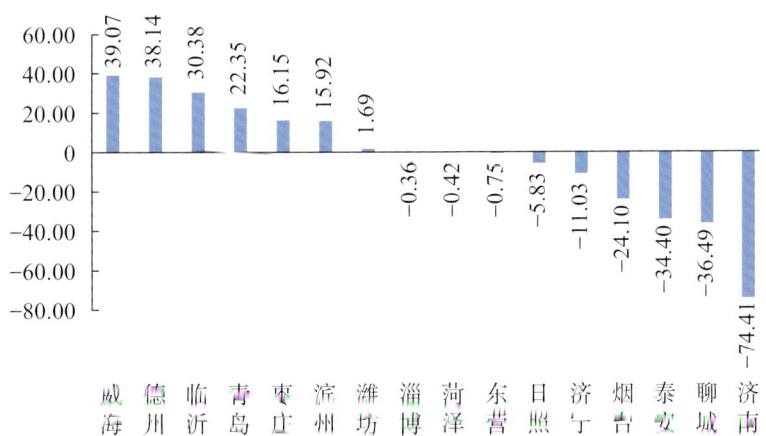

图 2-34 当年评价值比上年评价值提高百分点

9. 规模以上工业企业 R&D 人员占规模以上工业企业从业人员比重（图 2-35 至图 2-37）

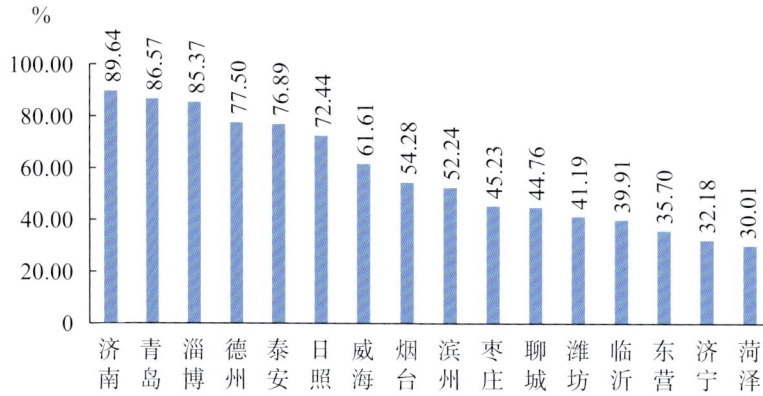

图 2-35　当年评价值

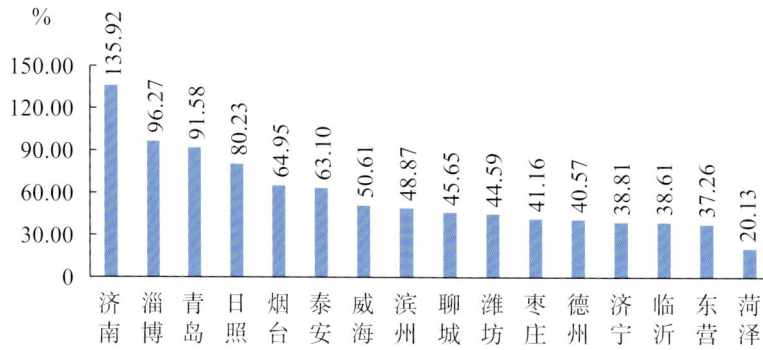

图 2-36　上年评价值

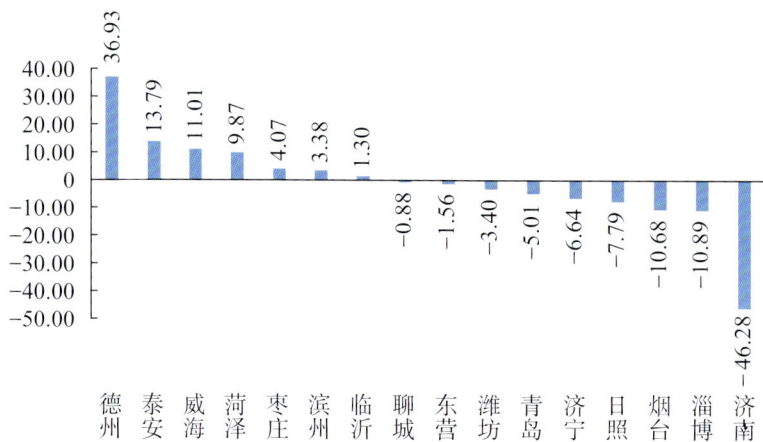

图 2-37　当年评价值比上年评价值提高百分点

10. 每万家企业法人单位中高新技术企业数（图 2-38 至图 2-40）

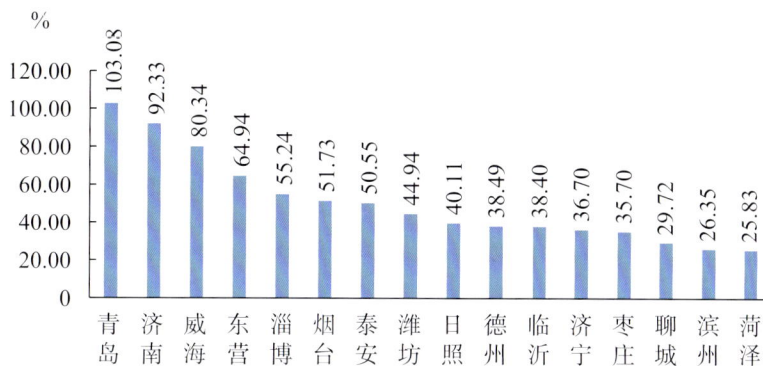

图 2-38　当年评价值

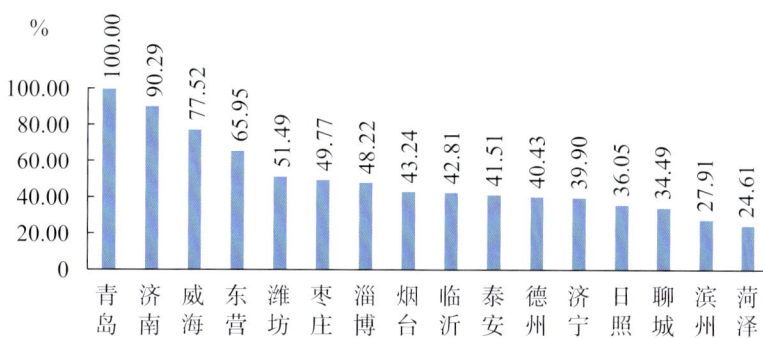

图 2-39　上年评价值

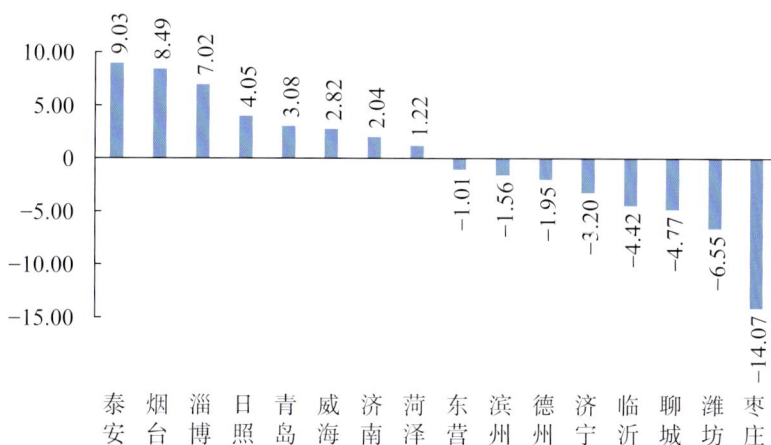

图 2-40　当年评价值比上年评价值提高百分点

11. 有研发机构的规模以上工业企业占规模以上工业企业比重（图2-41至图2-43）

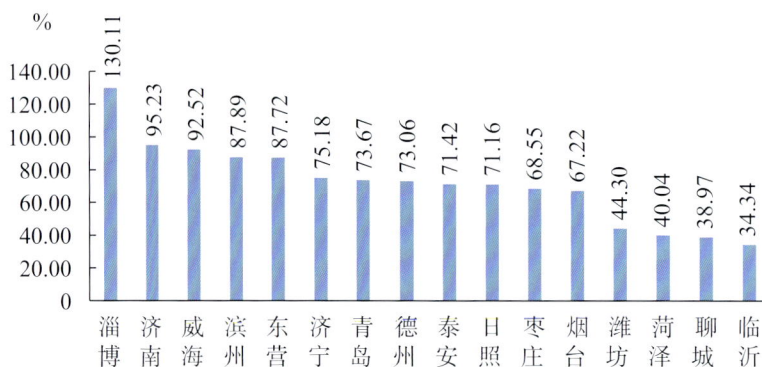

图 2-41　当年评价值

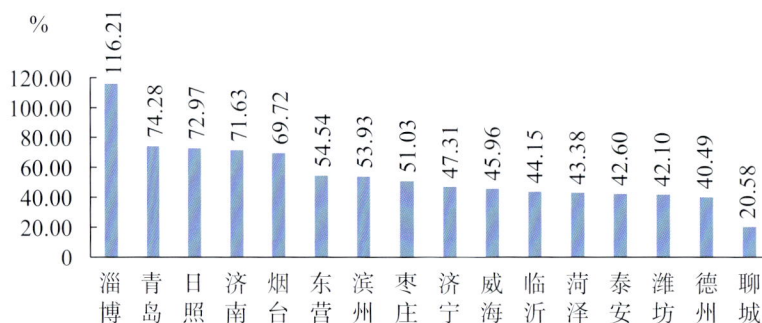

图 2-42　上年评价值

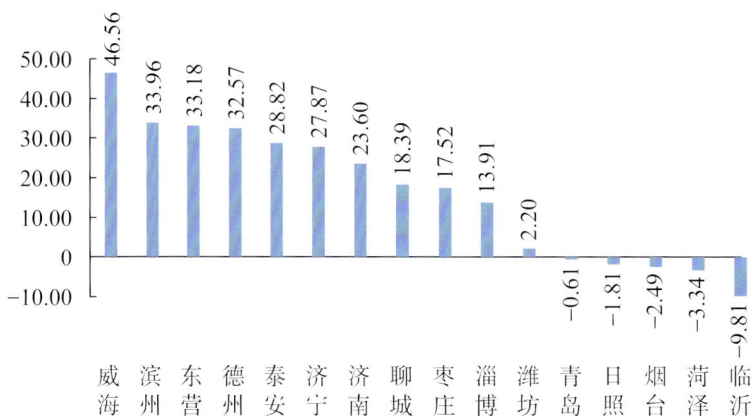

图 2-43　当年评价值比上年评价值提高百分点

12. 规模以上工业企业新产品销售收入占主营业务收入比重（图2-44至图2-46）

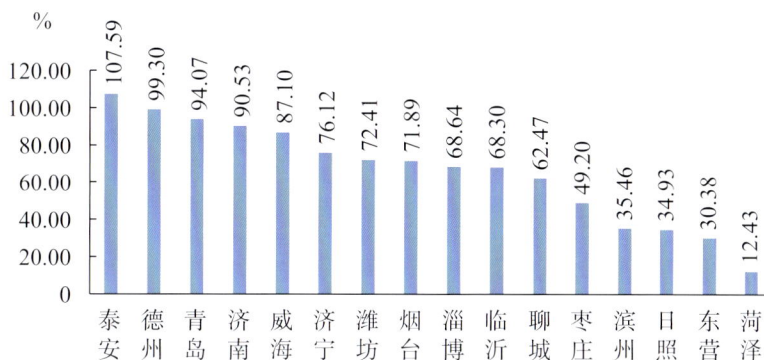

图 2-44　当年评价值

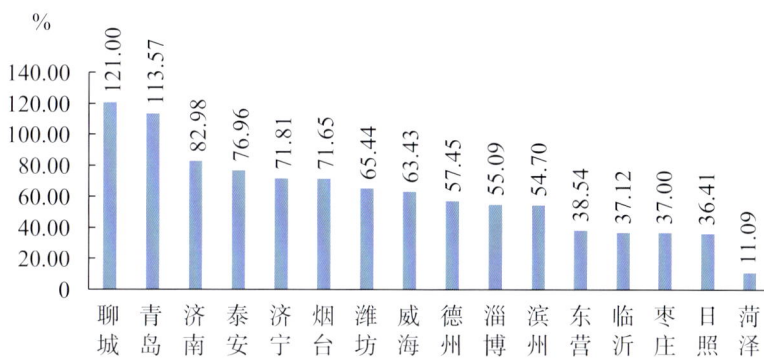

图 2-45　上年评价值

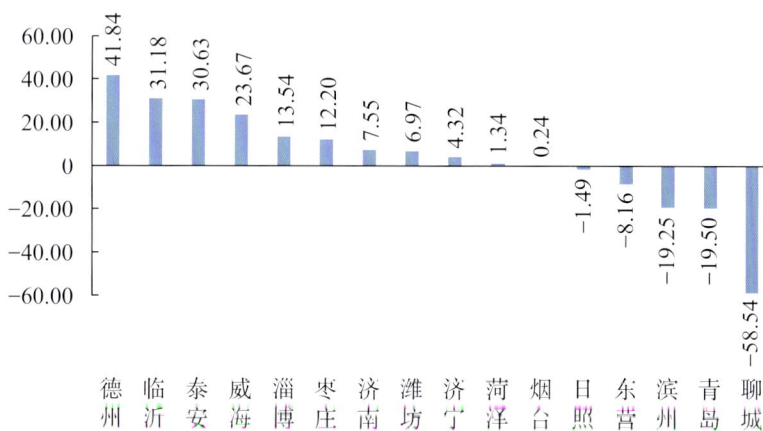

图 2-46　当年评价值比上年评价值提高百分点

13. 规模以上高新技术产业产值占规模以上工业产值比重（图 2-47 至图 2-49）

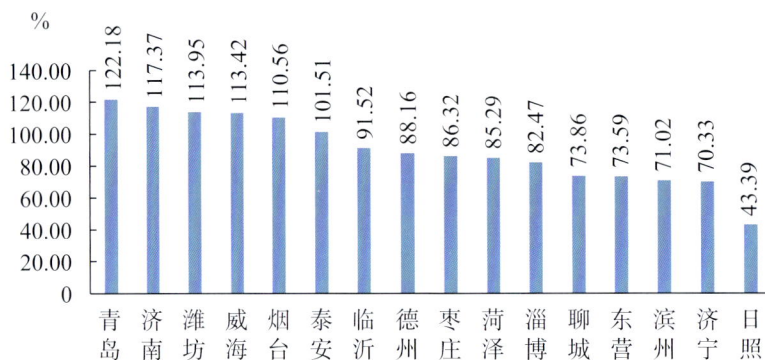

图 2-47　当年评价值

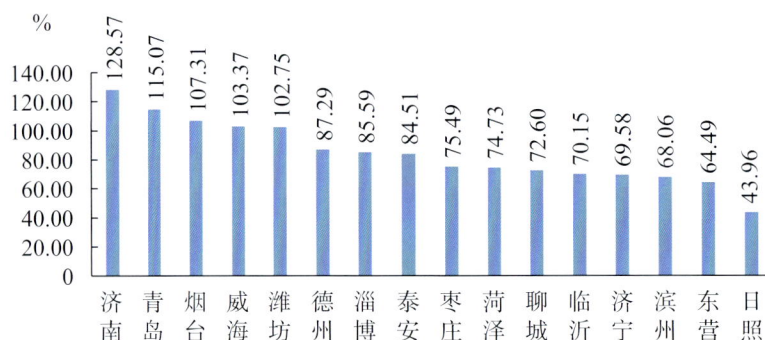

图 2-48　上年评价值

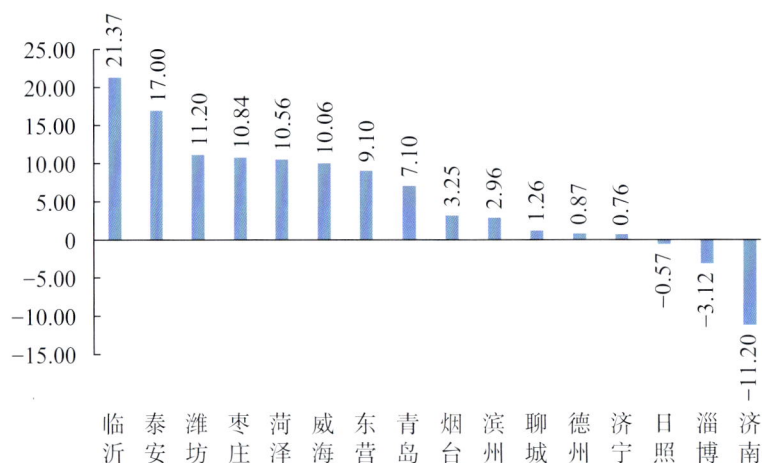

图 2-49　当年评价值比上年评价值提高百分点

14. 电子商务销售额占 GDP 比重（图 2-50 至图 2-52）

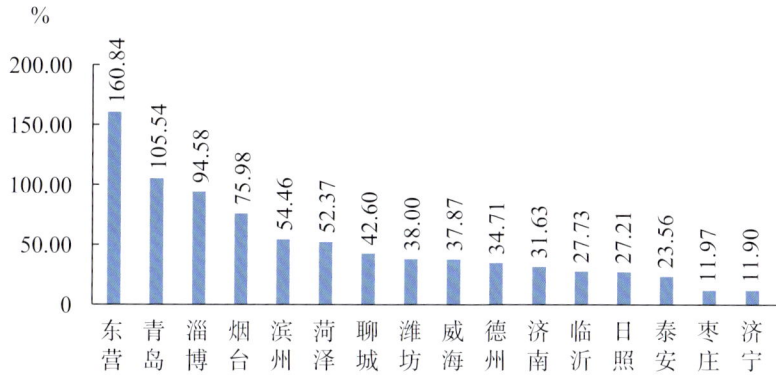

图 2-50　当年评价值

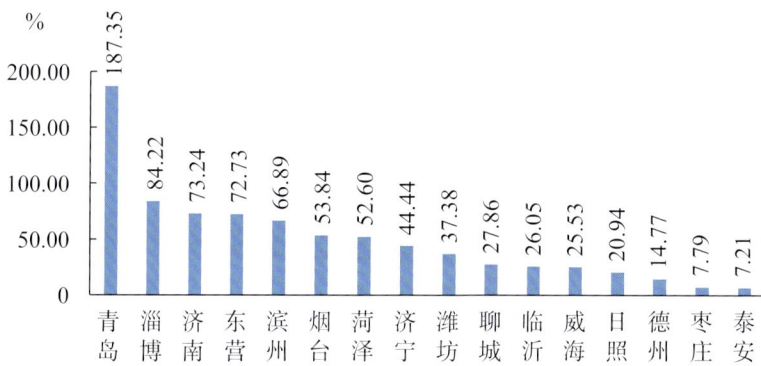

图 2-51　上年评价值

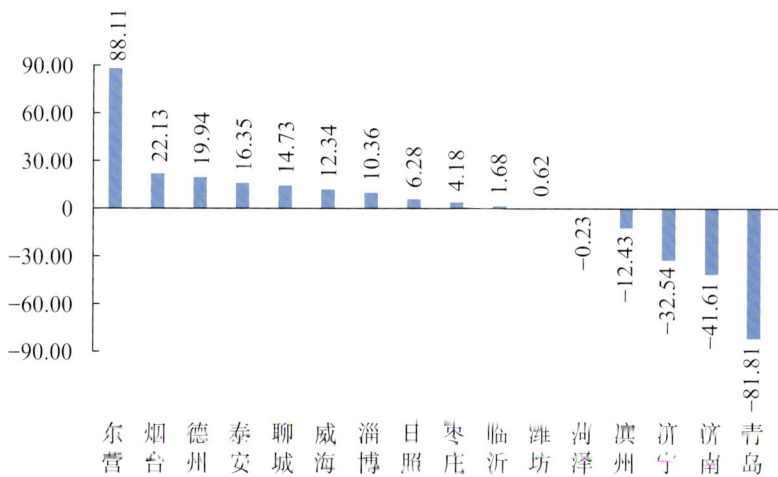

图 2-52　当年评价值比上年评价值提高百分点

15. 全员劳动生产率（图 2-53 至图 2-55）

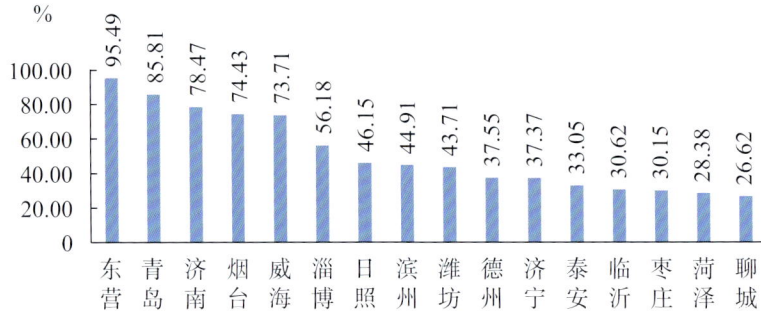

图 2-53　当年评价值

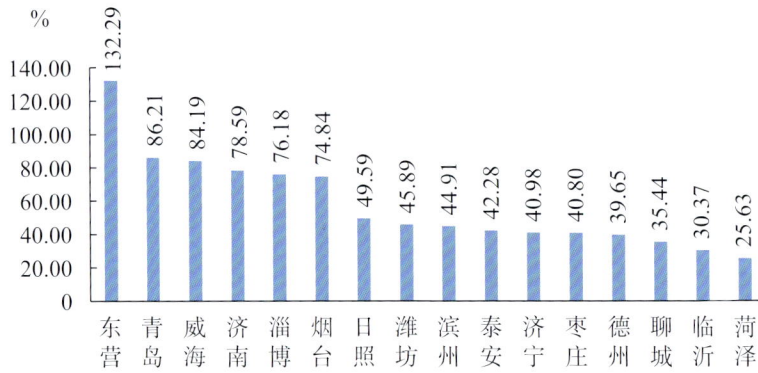

图 2-54　上年评价值

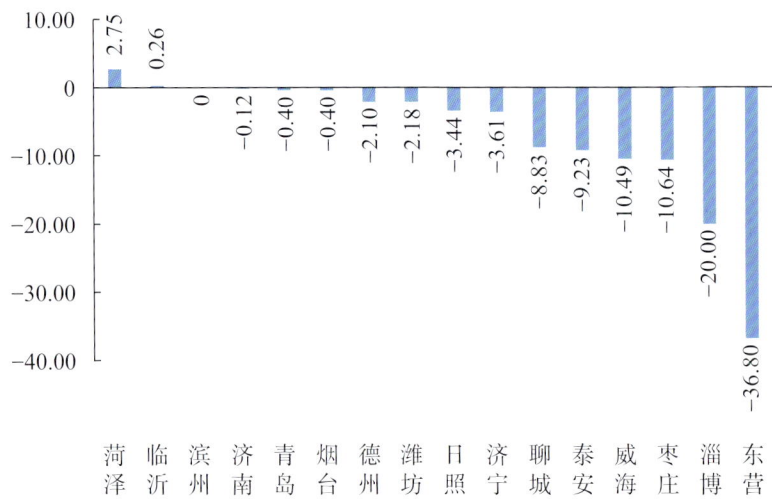

图 2-55　当年评价值比上年评价值提高百分点

16. 万元GDP综合能耗较上年降低率（图2-56至图2-58）

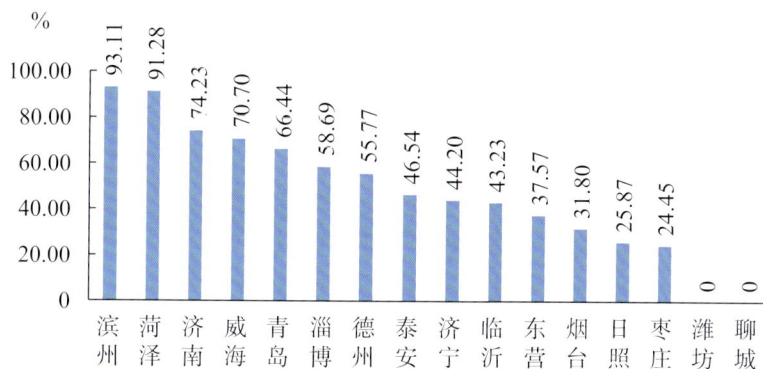

图 2-56　当年评价值

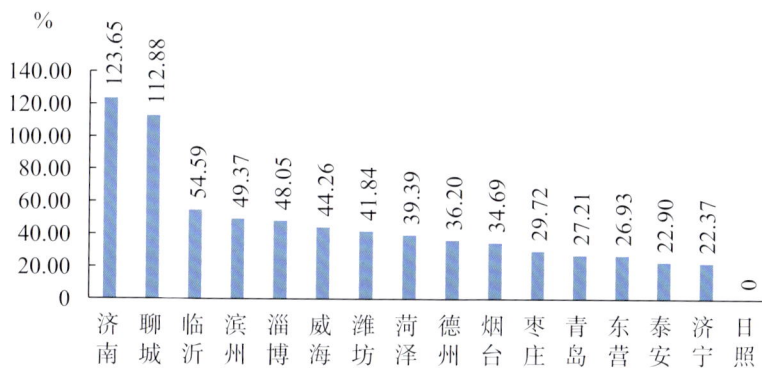

图 2-57　上年评价值

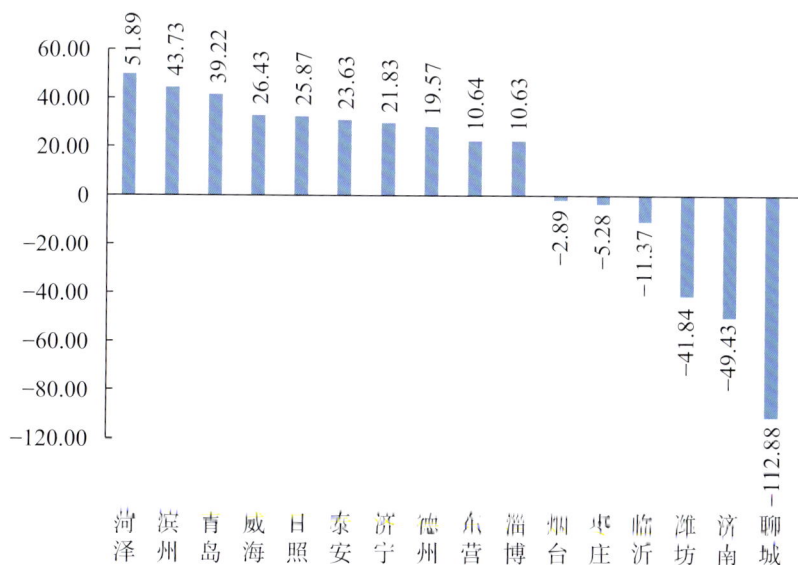

图 2-58　当年评价值比上年评价值提高百分点

17.规模以上工业企业研发费用加计扣除减免税占企业研发经费的比重（图 2-59 至图 2-61）

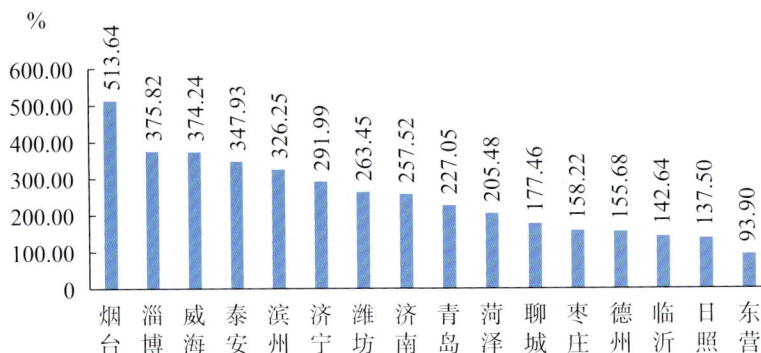

图 2-59　当年评价值

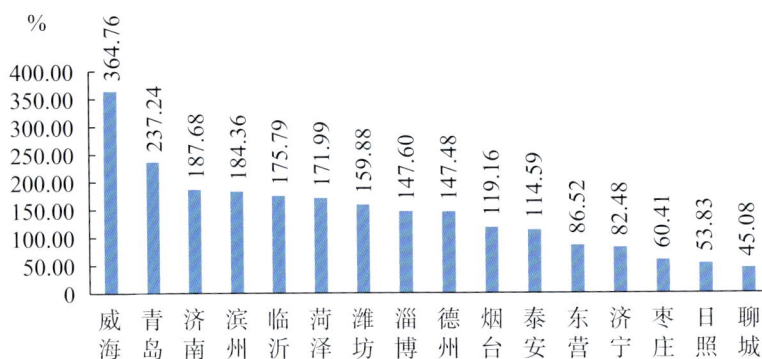

图 2-60　上年评价值

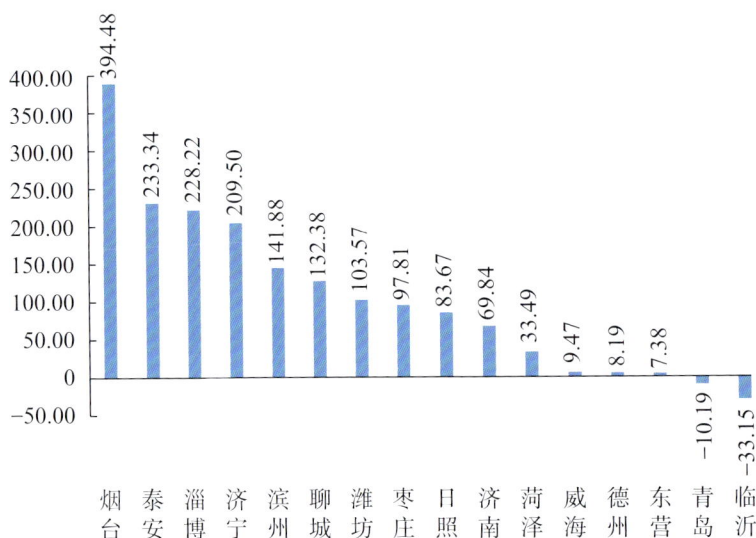

图 2-61　当年评价值比上年评价值提高百分点

18. 每万名就业人员累计孵化企业数（图 2-62 至图 2-64）

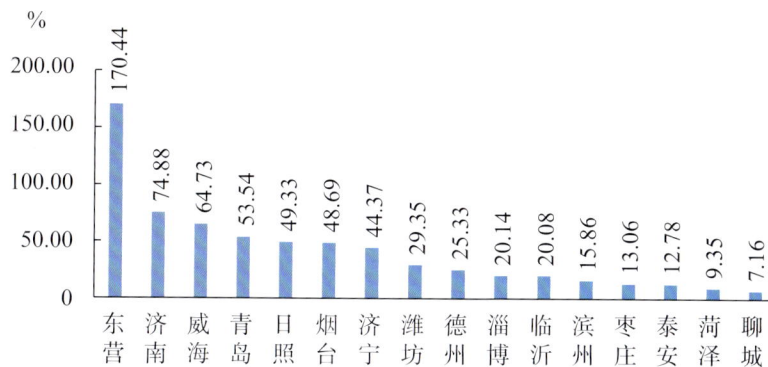

图 2-62　当年评价值

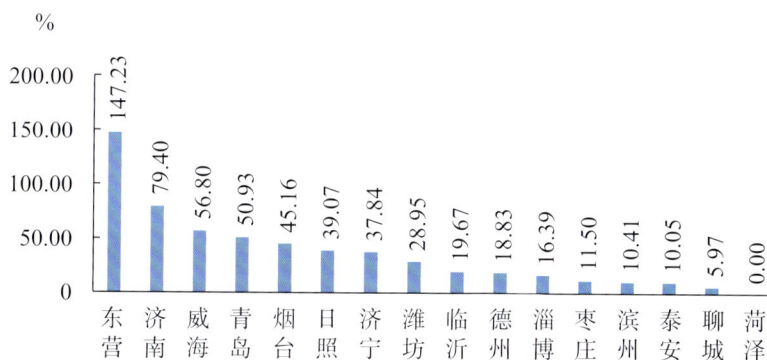

图 2-63　上年评价值

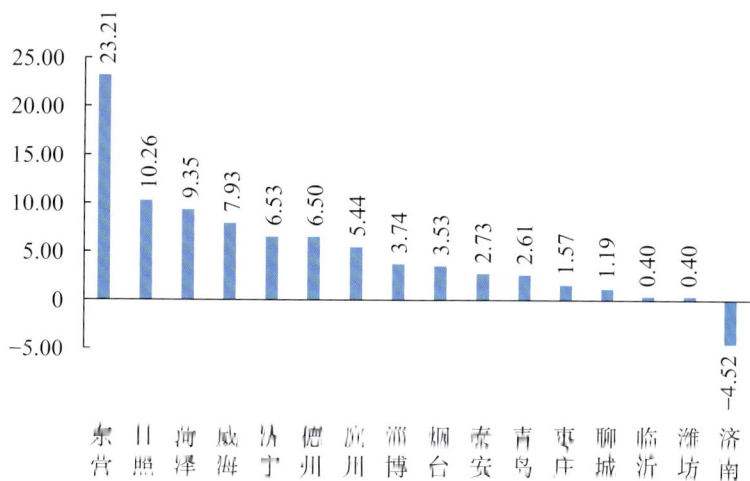

图 2-64　当年评价值比上年评价值提高百分点

19. 科学研究和技术服务业平均工资比较系数（图 2-65 至图 2-67）

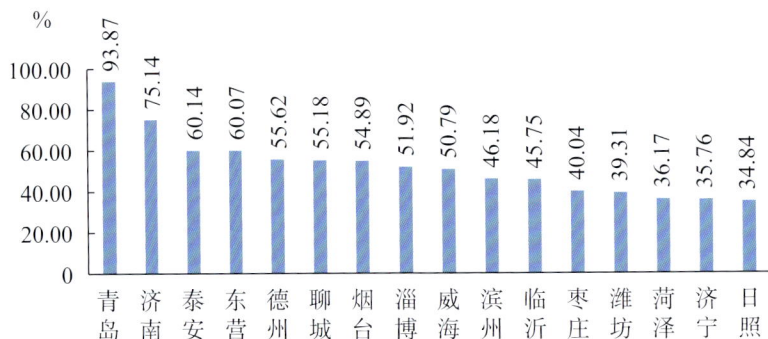

图 2-65 当年评价值

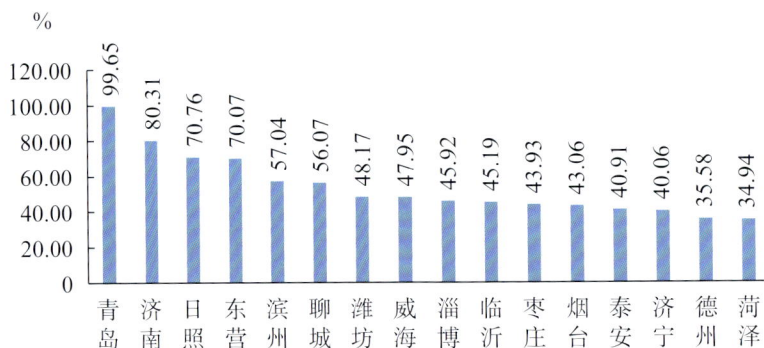

图 2-66 上年评价值

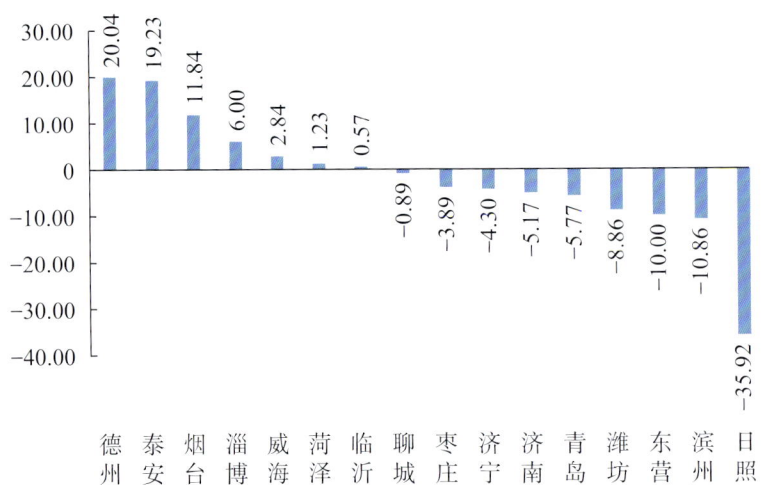

图 2-67 当年评价值比上年评价值提高百分点

20. 实际使用外资金额占 GDP 比重（图 2-68 至图 2-71）

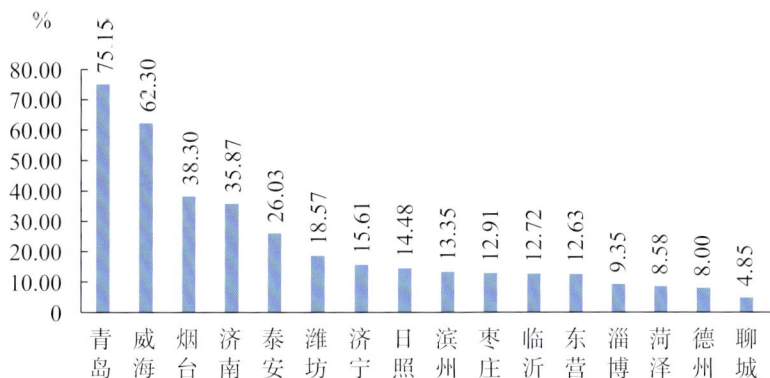

图 2-68　当年评价值

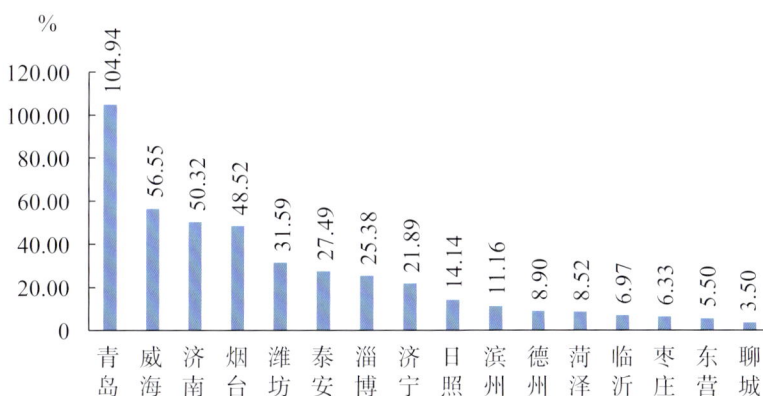

图 2-69　上年评价值

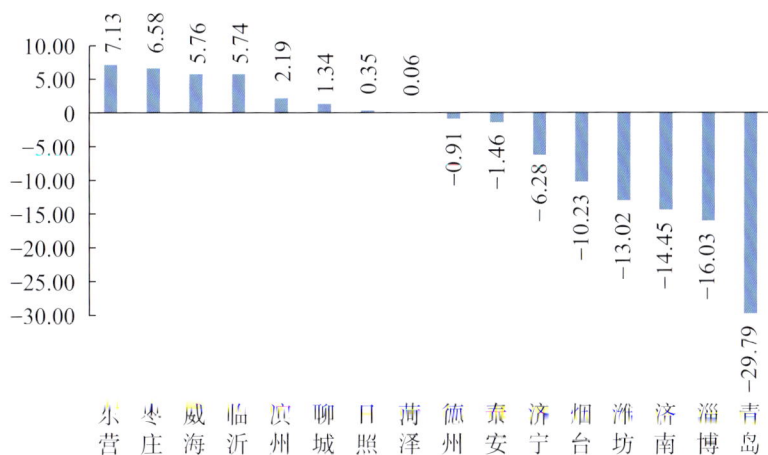

图 2-70　当年评价值比上年评价值提高百分点

21. 每万人互联网宽带接入用户数（图 2-71 至图 2-73）

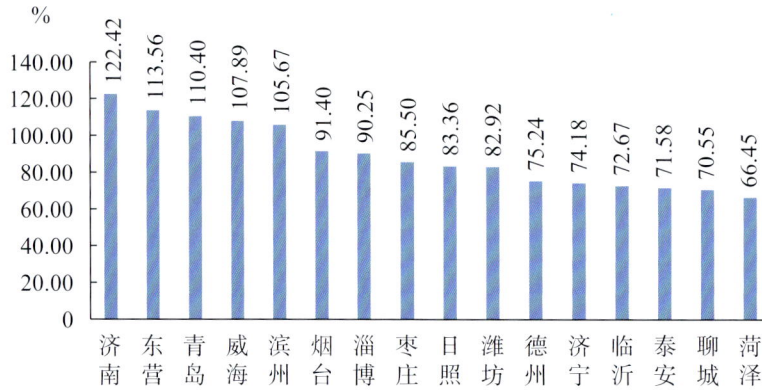

图 2-71　当年评价值

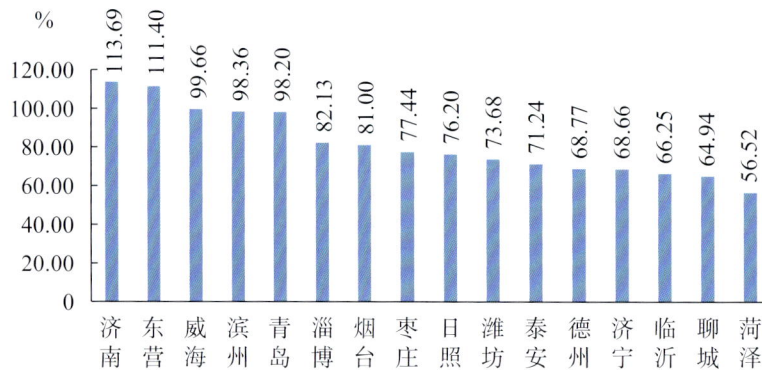

图 2-72　上年评价值

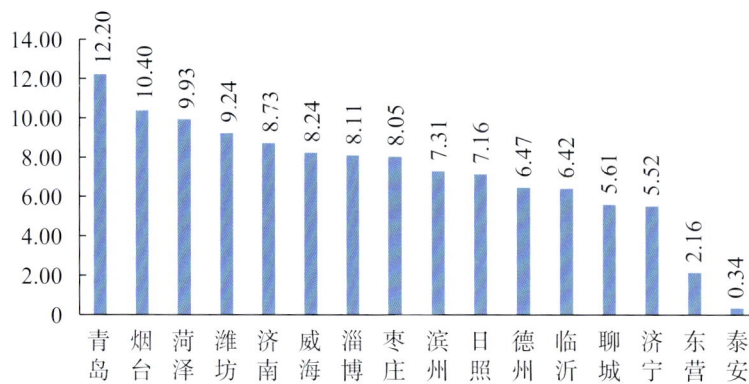

图 2-73　当年评价值比上年评价值提高百分点

第三部分　区域综合科技创新水平分析

一、济南市

（一）科技创新发展情况

2019 年济南市"四个中心"建设全面提升。强力推进新旧动能转换，经济发展质量显著提高。创新平台加速集聚，重点规划建设中科院济南科创城，打造全国科创新高地。山东产业技术研究院启动运营，引领带动 50 余个高端项目在全省布局实施。山东高等技术研究院挂牌成立，国家超算中心科技园建成启用，大科学装置落地实现零的突破，省会科创高地优势更加凸显。济南市综合科技创新水平指数为 105.15%，继续保持全省第 1 位，但与上年相比，下降了 7.17 个百分点。

创新产出成效显著。创新产出指数为 162.54%，较上年提高 44.42 个百分点，连续 3 年保持全省首位。每亿元 GDP 年登记技术合同成交额较上年增长 83%，位次提升至全省第 1 位。每亿元 GDP 发明专利申请数、每万人发明专利拥有量均居全省第 2 位。

创新环境进一步优化。创新环境指数为 113.17%，较上年提高 10.89 个百分点，位次与上年持平，居全省第 3 位。规模以上工业企业研发费用加计扣除减免税占企业研发经费的比重较上年提高 1.92 个百分点。每万人互联网宽带接入用户数保持全省第 1 位。但每万名就业人员累计孵化企业数是全省各市中唯一较上年下降的，需进一步营造创新创业氛围，激励更多企业发展壮大。

创新资源稳定增长。创新资源指数为 92.75%，较上年提高 3.58 个百分点，居全省第 3 位。地方财政科技支出较上年增长 1.09 倍，地方财政科技支出占公共财政支出的比重较上年提高 1.6 个百分点，提高幅度居全省第 1 位。但与其他国家创新型城市相比，占比仍偏低，优势并不明显。基础研究经费支出及其占 R&D 经费支出的比重均居全省第 2 位。需要进一步加大地方政府创新资本要素的投入力度，鼓励原始创新，优化研发经费结构。

企业创新能力下降。企业创新指数位次由上年的第 1 位下降至第 5 位。规模以上工业企业 R&D 经费支出占主营业务收入的比重下降 1.11 个百分点，由上年的第 2 位下降至第 9 位。规上工业企业 R&D 人员占规上工业企业从业人员比重下降 4.48 个百分点。应积极鼓励规模以上工业企业开展研发活动，建立研发平台，提高企业研发投入。加大与山东创新型省份建设关联的应用型技术密集型紧缺专业的人才培养，提高人才培养质量，打造人才集聚高地。

创新绩效有待增强。创新绩效指数位次由上年的全省第 1 位下降至第 3 位，各项二级指标值均较上年出现不同程度的下降。其中电子商务销售额占 GDP 比重大幅缩水，由全省第 3 位下降至第 11 位。万元 GDP 综合能耗降幅收窄。需优化产业结构，加大科技投入，提高市场竞争力。

图 3-1 所示为济南市一级评价指标与上年水平比较情况。

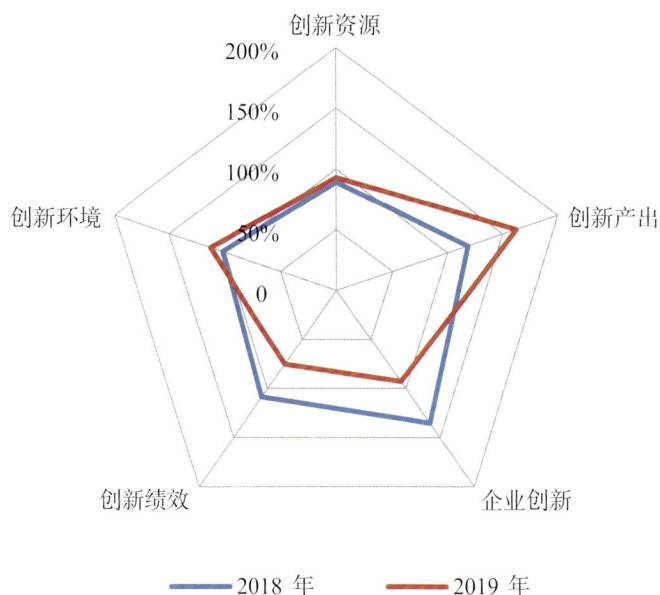

图 3-1 济南市一级评价指标与上年水平比较

（二）创新发展主要指标分析及位次

地区生产总值 9443.37 亿元，居全省第 2 位。全员劳动生产率为 18.51 万元 / 人，居全省第 3 位。万元 GDP 综合能耗较上年下降 7.38%，居全省第 3 位。

地区 R&D 人员 50 015 人年，居全省第 2 位。每万名就业人员中研发人员数为 98.01 人年，居全省第 2 位。规模以上工业企业 R&D 人员占规模以上工业企业从业人员比重为 8.67%，较上年下降 4.48 个百分点，但位次仍保持全省第 1 位。

全社会 R&D 经费支出 225.53 亿元，比上年增长 8.12%，占 GDP 比重为 2.39%，位次跌至全省第 7 位。R&D 经费中基础研究经费占比达 7.69%，保持全省第 2 位。地方财政科技支出占公共财政支出的比重达 3.67%，跃居全省第 4 位。规模以上工业企业 R&D 经费支出占主营业务收入的比重为 1.44%，下降 1.11 个百分点，居全省第 9 位，下降 7 个位次。

高新技术企业 2240 家，比上年增加 693 家，总数和增量均居全省第 2 位。每万家企业法人单位中高新技术企业数 85.86 家，居全省第 2 位。规模以上高新技术产业产值占规模以上工业产值比重为 51.23%，居全省第 2 位，较上年下降 4.89 百分点，在各市中降幅最大。

科技创新载体 757 家，其中省级以上重点实验室 101 家、省级创新创业共同体 1 家、省级以上技术创新中心 1 家、省级以上科技企业孵化器 40 家、省级以上众创空间 114 家、省级以上引才引智示范基地 24 家、国家技术转移机构 11 家。

每亿元 GDP 发明专利申请数为 1.71 件，居全省第 2 位。每万人发明专利拥有量 29.25 件，居全省第 2 位，较上年减少 0.03 件，增幅居全省末位。年登记技术合同成交额 286.47 亿元，实现翻倍增长。

规模以上工业企业研发费用加计扣除减免税 9.18 亿元，占企业研发经费的比重为 7.07%，居全省第 8 位。实际使用外资 22.42 亿美元，占 GDP 的比重为 1.64%，居全省第 4 位。

表 3-1 所示为济南市各级指标值和位次与上年比较情况。

（三）产业发展情况

二次产业结构不断优化。农业总体稳定，工业平稳增长，重点服务业优势明显。服务业占比提高 0.2 个百分点，对 GDP 增长贡献率达到 59.3%，拉动经济增长 4.1

个百分点。

发展新动能加速壮大，"四新"经济增加值占比达到28%，数字经济占比39%。优势产业竞争力不断增强，大数据与新一代信息技术、智能制造与高端装备产业主营业务收入达到3600亿元和3400亿元，医疗康养、生物医药产业规模突破千亿。信息技术服务产业集群入选国家首批战略性新兴产业集群。产业转型升级步伐加快，全面完成钢铁去产能任务，济钢、小鸭、轻骑等一批传统企业实现"老树发新芽"。

当前，传统产业回落明显，行业结构仍需进一步优化，投资结构仍不合理，消费拉动作用有待增强。

今后，进一步抓牢发展机遇，优化产业布局，着力建设现代产业体系，推进新旧动能加速转换。积极推动特色优势产业集群化发展，超前布局高端前沿产业，打造新一代信息技术产业集群、高端装备产业集群、医养健康产业集群、精品钢产业集群。

表 3-1　济南市各级指标值和位次与上年比较

指标名称	指标值		位次	
	上年	当年	上年	当年
综合科技创新水平指数（%）	112.32	105.15	1	1
创新资源指数（%）	89.17	92.75	1	3
全社会研发（R&D）经费支出占地区生产总值（GDP）的比重（%）	2.66	2.39	1	7
地方财政科技支出占公共财政支出的比重（%）	2.07	3.67	9	4
每万名就业人员中研发人员数（人年）	127.00	98.01	1	2
基础研究经费支出占 R&D 经费支出的比重（%）	6.91	7.69	2	2
创新产出指数（%）	118.12	162.54	1	1
每亿元 GDP 年登记技术合同成交额（万元）	165.94	303.36	2	1
每亿元 GDP 发明专利申请数（件）	1.74	1.71	2	2
每万人发明专利拥有量（件）	29.28	29.25	1	2
企业创新指数（%）	135.11	92.88	1	5
规模以上工业企业 R&D 经费支出占主营业务收入的比重（%）	2.55	1.44	2	9
规模以上工业企业 R&D 人员占规模以上工业企业从业人员比重（%）	13.15	8.67	1	1
每万家企业法人单位中高新技术企业数（家）	83.96	85.86	2	2
有研发机构的规模以上工业企业占规模以上工业企业比重（%）	9.87	13.12	4	2
规模以上工业企业新产品销售收入占主营业务收入比重（%）	21.10	23.02	3	4
创新绩效指数（%）	108.68	75.42	1	3
规模以上高新技术产业产值占规模以上工业产值比重（%）	56.12	51.23	1	2
电子商务销售额占 GDP 比重（%）	22.48	9.71	3	11
全员劳动生产率（万元／人）	18.53	18.51	4	3
万元 GDP 综合能耗较上年降低率（%）	12.29	7.38	1	3
创新环境指数（%）	102.28	113.17	3	3
规模以上工业企业研发费用加计扣除减免税占企业研发经费的比重（%）	5.15	7.07	3	8
每万名就业人员累计孵化企业数（个）	4.62	4.36	2	2
科学研究和技术服务业平均工资比较系数（%）	140.93	131.86	2	2
实际使用外资金额占 GDP 比重（%）	2.30	1.64	3	4
每万人互联网宽带接入用户数（万户）	0.41	0.44	1	1

二、青岛市

（一）科技创新发展情况

2019 年，青岛市提质量增效益，新旧动能加快转换，坚持存量变革、增量崛起，现代化产业体系建设不断提速。引进高端研发机构，通过"中科系、高校系、企业系和国际系"四条主线累计引进建设高端研发机构超过 50 家，有力带动微电子、生物质能源、航空航天、海工装备等新兴产业发展。实施科教改革攻坚行动，编制《青岛市科技引领城建设攻势作战方案（2019—2022 年）》，牢牢抓住创新创业生态营造关键点，全力打好人才支撑、资本助力、产业培育、平台建设、科技服务 5 场攻坚战。青岛市综合科技创新水平指数为 104.07%，保持全省第 2 位，较上年提高 0.45 个百分点。

创新绩效增势强劲。创新绩效指数较上年提高 18.36 个百分点，跃升至全省第 1 位。万元 GDP 综合能耗下降幅度较上年扩大 3.90 个百分点，提高 7 个位次。规模以上高新技术产业产值占规模以上工业产值比重较上年提高 3.10 个百分点，位列全省第 1 位。产业结构调整成效显现。

创新资源集聚能力进一步提升。创新资源指数为 94.93%，跃升至全省第 1 位。全社会 R&D 经费支出及占 GDP 比重稳步增长，居全省前列，但基础研究经费支出略有下降。地方财政科技支出占公共财政支出的比重较上年提升 1.35 个百分点，提升 4 个位次，居全省首位，但与其他国家创新型城市相比，地方财政科技支出占比并不突出。每万名就业人员中研发人员数较上年提高 7.45 人年，位次居全省第 1 位。

创新产出稳步增长。创新产出指数较上年提高 14.07 个百分点，居全省第 3 位。每万人发明专利拥有量、每亿元 GDP 发明专利申请数均居全省首位，年登记技术合同成交额虽居全省第 1 位，但效率和质量不高，每亿元 GDP 年登记技术合同成交额下降 6 位。

企业创新能力需进一步增强。企业创新指数较上年下降 26.43 个百分点，但仍列全省第 1 位。有研发机构的规模以上工业企业占规模以上工业企业比重较上年下降 5 个位次，居全省第 7 位。规模以上工业企业新产品销售收入占主营业务收入比重下降 4.96 个百分点，居全省第 3 位。应强化企业创新主体地位，鼓励规模以上工业企业建立研发机构和创新平台、积极开展研发活动。

创新环境有待改善。创新环境指数较上年下降 6.19 个百分点，位次下降至第 4 位。规模以上工业企业研发费用加计扣除减免税占企业研发经费的比重较上年下降 7 个位次，居全省第 9 位。需加强政策落实和跟踪服务，全面落实各项促进企业技术创新的税收优惠政策。

图 3-2 所示为青岛市一级评价指标与上年水平比较情况。

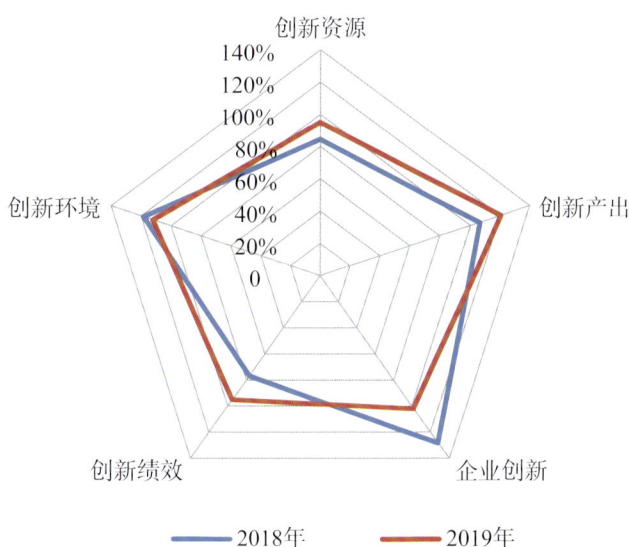

图 3-2　青岛市一级评价指标与上年水平比较情况

（二）创新发展主要指标分析及位次

地区生产总值 11 741.31 亿元，居全省第 1 位。全员劳动生产率为 20.24 万元／人，居全省第 2 位。万元 GDP 综合能耗较上年下降 6.60%，居全省第 5 位。

地区 R&D 人员 59 422.2 人年，居全省第 1 位。每万名就业人员中研发人员数为 102.42 人年，居全省第 1 位。规模以上工业企业 R&D 人员占规模以上工业企业从业人员比重 8.37%，居全省第 2 位。

全社会 R&D 经费支出 294.62 亿元，较上年增长 4.4%；占 GDP 比重为 2.51%，较上年提高 0.16 个百分点，保持全省第 4 位。R&D 经费中基础研究经费占比达 6.47%，居全省第 3 位。地方财政科技支出占公共财政支出的比重达 4.24%，跃居全省第 1 位。规模以上工业企业 R&D 经费支出占主营业务收入的比重为 2.26%，较上年提高 0.33 个百分点，居全省第 5 位。

高新技术企业 3829 家，比上年增加 717 家，总数和增量均居全省第 1 位。每万家企业法人单位中高新技术企业数 95.86 家，居全省第 1 位。规模以上高新技术产业产值占规模以上工业产值比重为 53.33%，居全省第 1 位。

科技创新载体 319 家，其中省级以上重点实验室 45 家、省级以上技术创新中心 1 家、省级创新创业共同体 2 家、省级以上科技企业孵化器 22 家、省级以上众创空间 80 家、省级以上引才引智示范基地 10 家、国家技术转移机构 13 家。

每亿元 GDP 发明专利申请数为 1.84 件，较上年减少 0.04 件，居全省第 1 位。每万人发明专利拥有量 34.37 件，较上年提高 5.83 件，总量和增幅均居全省第 1 位。年登记技术合同成交额 170.58 亿元，较上年增长 9%。

规模以上工业企业研发费用加计扣除减免税 12.61 亿元，占企业研发经费的比重为 6.23%，居全省第 9 位。实际使用外资 58.42 亿美元，占 GDP 的比重为 3.43%，无论是总量还是占比均居全省第 1 位。

表 3-2 所示为青岛市各级指标值和位次与上年比较情况。

（三）产业发展情况

三次产业稳步增长。农业生产总体稳定，工业生产企稳回升，服务业保持较快增长。大力推动服务业创新发展，2019 年实现服务业增加值和占 GDP 比重"双突破"，服务业成为经济发展的"新引擎"、"定盘星"和"稳定器"。

"新产业"稳步发展。全年全市高技术产业实现增加值增长 11.7%，占 GDP 比重为 6.4%。其中，高技术制造业增加值增长 1.7%，占 GDP 比重为 2.1%；高技术服务业增加值增长 17.5%，占 GDP 比重为 4.2%。战略性新兴产业实现增加值增长 5.2%，占 GDP 比重为 8.8%。

当前，企业创新主体有待进一步加强。科技型企业的数量和规模仍不够壮大，特别是缺少大体量的科技头部企业和高科技上市企业。科技产业布局有待进一步优化。科技研发和产业空间布局还不够集中，难以形成研发、制造、产业化等环节要素充分融合的产业链条和产业生态。

下一步，紧盯上合示范区、山东自贸区青岛片区等国家战略，紧盯工业互联网、新能源汽车、生物医药等重大决策部署，紧盯科技引领城建设攻势，突出科技创新规划牵引、科技创新国际化特色、科技创新海洋特色、创新创业生态营造、高新技术产业培育等重点，务求实效，加快打造国家东部沿海重要的创新中心。

表 3-2　青岛市各级指标值和位次与上年比较

指标名称	指标值		位次	
	上年	当年	上年	当年
综合科技创新水平指数（%）	103.63	104.07	2	2
创新资源指数（%）	84.41	94.93	2	1
全社会研发（R&D）经费支出占地区生产总值（GDP）的比重（%）	2.35	2.51	4	4
地方财政科技支出占公共财政支出的比重（%）	2.89	4.24	5	1
每万名就业人员中研发人员数（人年）	94.97	102.42	3	1
基础研究经费支出占 R&D 经费支出的比重（%）	6.99	6.47	1	3
创新产出指数（%）	106.47	120.53	2	3
每亿元 GDP 年登记技术合同成交额（万元）	129.83	145.28	3	9
每亿元 GDP 发明专利申请数（件）	1.88	1.84	1	1
每万人发明专利拥有量（件）	28.54	34.37	2	1
企业创新指数（%）	128.25	101.82	2	1
规模以上工业企业 R&D 经费支出占主营业务收入的比重（%）	1.93	2.26	5	5
规模以上工业企业 R&D 人员占规模以上工业企业从业人员比重（%）	8.86	8.37	3	2
每万家企业法人单位中高新技术企业数（家）	92.99	95.86	1	1
有研发机构的规模以上工业企业占规模以上工业企业比重（%）	10.23	10.15	2	7
规模以上工业企业新产品销售收入占主营业务收入比重（%）	28.88	23.92	2	3
创新绩效指数（%）	76.63	94.99	2	1
规模以上高新技术产业产值占规模以上工业产值比重（%）	50.23	53.33	2	1
电子商务销售额占 GDP 比重（%）	57.50	32.39	1	2
全员劳动生产率（万元／人）	20.33	20.24	2	2
万元 GDP 综合能耗较上年降低率（%）	2.70	6.60	12	5
创新环境指数（%）	118.19	112.00	2	4
规模以上工业企业研发费用加计扣除减免税占企业研发经费的比重（%）	6.51	6.23	2	9
每万名就业人员累计孵化企业数（个）	2.96	3.11	4	4
科学研究和技术服务业平均工资比较系数（%）	174.86	164.73	1	1
实际使用外资金额占 GDP 比重（%）	4.79	3.43	1	1
每万人互联网宽带接入用户数（万户）	0.36	0.40	5	3

三、淄博市

（一）科技创新发展情况

2019 年，淄博市坚持以高质量创新引领高质量发展，大力实施创新驱动发展战略，出台并迅速落实"人才金政 37 条"，举办"山东淄博——名校人才直通车"系列活动，赴清华、北大等双一流名校开展"名校人才特招行动"，高层次人才创新环境持续优化。着力推进大学城、科学城、创新谷"两城一谷"建设，建成知识产权公共服务平台，全社会研发投入占比稳步提高，综合科技创新能力显著提升。淄博市综合科技创新水平指数为 92.77%，居全省第 3 位，较上年提高 16.83 个百分点。

创新环境进一步优化。创新环境指数较上年提高 46.01 个百分点，居全省第 5 位。规模以上工业企业研发费用加计扣除减免税占企业研发经费的比重由上年的第 8 位跃升至第 2 位。每万名就业人员累计孵化企业数较上年提高 0.22 个，位次较上年提升 1 位。

创新产出成效明显。创新产出指数较上年提高 39.50 个百分点，居全省第 2 位。每亿元 GDP 年登记技术合同成交额居全省第 2 位，较上年增长 122.72 万元，提高幅度居全省第 3 位。每万人发明专利拥有量保持全省第 3 位。

企业创新能力有所提升。企业创新指数较上年提高 5.96 个百分点，居全省第 6 位。有研发机构的规模以上工业企业占规模以上工业企业比重连续 3 年居全省首位。每万家企业法人单位中高新技术企业数提升 2 个位次至全省第 5 位，较上年增加 6.53 家，提升幅度居全省第 3 位。规模以上工业企业新产品销售收入占主营业务收入比重较上年提高 3.34 个百分点。

创新绩效有待提高。创新绩效指数较上年提高 4.42 个百分点，居全省第 6 位，位次下降 2 位。电子商务销售额占 GDP 比重为 29.03%，较上年提高 3.18 个百分点。万元 GDP 综合能耗较上年降低率位次下降 1 位。规模以上高新技术产业产值占规模以上工业产值比重下滑至全省第 11 位，应加快推进产业结构调整，推动高新技术产业发展，促进高新技术产业的技术创新与市场充分融合。

研发投入下降明显。创新资源指数较上年下降 0.36 个百分点。全社会 R&D 经费支出减少 27.75 亿元，基础研究经费支出占 R&D 经费支出的比重较上年下降 1.31 个百分点。每万名就业人员中研发人员数较上年减少 15.67 人年。需进一步加大政府科技投入力度，引导社会各界对基础研究的投入与布局，健全鼓励支持基础研究、原始创新的体制机制。同时，进一步加大留住人才、引进人才的政策支持力度。

图 3-3 所示为淄博市一级评价指标与上年水平比较情况。

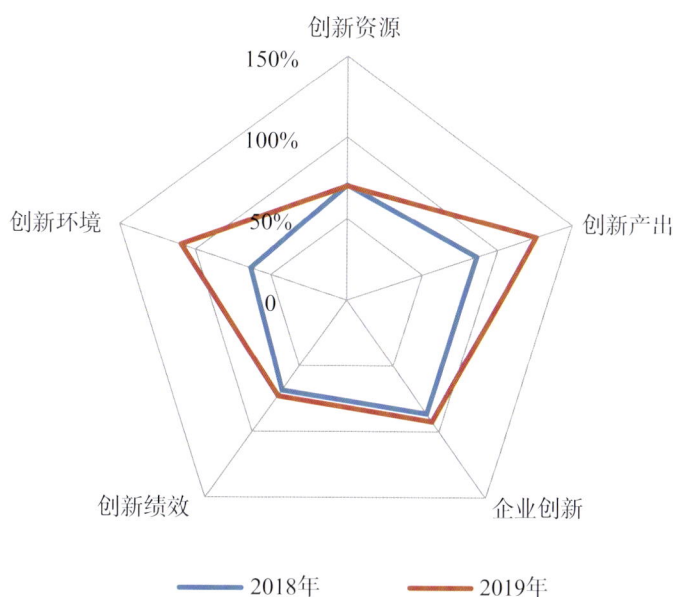

图 3-3 淄博市一级评价指标与上年水平比较

（二）创新发展主要指标分析及位次

地区生产总值 3642.42 亿元，居全省第 7 位。全员劳动生产率 13.25 万元 / 人，居全省第 6 位。万元 GDP 综合能耗较上年下降 5.83%，居全省第 6 位。

地区 R&D 人员 22 360.4 人年，居全省第 3 位。每万名就业人员中研发人员数 81.34 人年，居全省第 4 位。规模以上工业企业 R&D 人员占规模以上工业企业从业人员比重达到 8.26%，居全省第 3 位。

全社会 R&D 经费支出 105.94 亿元，同比下降 20.75%；占 GDP 比重为 2.91%，较上年提高 0.27 个百分点，占比居全省第 1 位，较上年提升 1 位。基础研究经费 1.47 亿元，占 R&D 经费支出的比重为 1.38%，居全省第 7 位。地方财政科技支出占公共财政支出的比重为 3.08%，较上年提高 0.76 个百分点，居全省第 7 位。规模以上工业企业 R&D 经费支出占主营业务收入的比重为 1.82%，较上年下降 0.01 个百分点，居全省第 6 位。

高新技术企业 512 家，比上年增加 129 家，总数居全省第 6 位。每万家企业法人单位中高新技术企业数为 51.37 家，居全省第 5 位。规模以上高新技术产业产值占规模以上工业产值的比重为 36.00%，较上年下降 1.36 个百分点，居全省第 11 位。

科技创新载体 255 家，其中省级以上重点实验室 10 家、省级以上科技企业孵化器 7 家、省级以上众创空间 31 家、省级以上引才引智示范基地 7 家、院士工作站 23 家、国际科技合作基地 3 家。

每亿元 GDP 发明专利申请数 0.92 件，较上年下降 0.24 件，居全省第 5 位。每万人发明专利拥有量 13.32 件，较上年增加 0.13 件，居全省第 3 位。年登记技术合同成交额 106.46 亿元，较上年增长 23.88%，居全省第 4 位。

规模以上工业企业研发费用加计扣除减免税 9.03 亿元，占企业研发经费的比重达到 10.31%，较上年提高 6.26 个百分点。实际使用外资 2.26 亿美元，占 GDP 比重为 0.43%，居全省第 13 位。

表 3-3 所示为淄博市各级指标值和位次与上年比较情况。

（三）产业发展情况

产业结构趋优，农业基础地位更加稳固，工业生产形势保持平稳，服务业发展保持活跃。全市三次产业结构调整为 4.1∶49.9∶46.0，第二产业比重下降 1.5 个百分点，第三产业比重提高 1.5 个百分点。

动能转换成效明显。新材料、智能装备、新医药、电子信息"四强"产业发展迅速，产业增加值增长 5.3%，高于规上工业增速 4.0 个百分点。现代服务业营业收入比上年增长 13.1%，高于规上服务业 4.8 个百分点。互联网服务业、软件信息服务业、研究和试验发展业等新兴行业营业收入增速均在 25% 以上。

当前，工业经济下行压力加大，表现在产品出厂价格下跌、工业生产增速趋缓、企业效益下滑等方面。传统服务业发展弱项不容忽视，传统服务业在企业数量、从业人数和营业收入等方面占规上服务业的比重仍然过半，远远高于高附加值、高技术含量的新兴服务业，新兴服务业规模有待进一步扩大。

今后，大力支持传统产业加快数字化、智能化改造。着眼未来打造"四强"产业名片，形成一批优势特色产业集群。推进重点研究院所等专业平台建设，链接更多高端创新要素。全面落实"人才金政 37 条"，吸引更多优秀人才到淄创新创业。

表 3-3　淄博市各级指标值和位次与上年比较

指标名称	指标值		位次	
	上年	当年	上年	当年
综合科技创新水平指数（%）	75.94	92.77	3	3
创新资源指数（%）	70.56	70.20	3	4
全社会研发（R&D）经费支出占地区生产总值（GDP）的比重（%）	2.64	2.91	2	1
地方财政科技支出占公共财政支出的比重（%）	2.32	3.08	8	7
每万名就业人员中研发人员数（人年）	97.01	81.34	2	4
基础研究经费支出占 R&D 经费支出的比重（%）	2.69	1.38	3	7
创新产出指数（%）	86.15	125.65	3	2
每亿元 GDP 年登记技术合同成交额（万元）	169.56	292.28	1	2
每亿元 GDP 发明专利申请数（件）	1.16	0.92	4	5
每万人发明专利拥有量（件）	12.19	13.32	3	3
企业创新指数（%）	86.35	92.31	4	6
规模以上工业企业 R&D 经费支出占主营业务收入的比重（%）	1.83	1.82	6	6
规模以上工业企业 R&D 人员占规模以上工业企业从业人员比重（%）	9.31	8.26	2	3
每万家企业法人单位中高新技术企业数（家）	44.84	51.37	7	5
有研发机构的规模以上工业企业占规模以上工业企业比重（%）	16.01	17.93	1	1
规模以上工业企业新产品销售收入占主营业务收入比重（%）	14.01	17.45	10	9
创新绩效指数（%）	68.56	72.98	4	6
规模以上高新技术产业产值占规模以上工业产值比重（%）	37.36	36.00	7	11
电子商务销售额占 GDP 比重（%）	25.85	29.03	2	3
全员劳动生产率（万元/人）	17.97	13.25	5	6
万元 GDP 综合能耗较上年降低率（%）	4.78	5.83	5	6
创新环境指数（%）	63.48	109.50	8	5
规模以上工业企业研发费用加计扣除减免税占企业研发经费的比重（%）	4.05	10.31	8	2
每万名就业人员累计孵化企业数（个）	0.95	1.17	11	10
科学研究和技术服务业平均工资比较系数（%）	80.59	91.12	9	8
实际使用外资金额占 GDP 比重（%）	1.16	0.13	7	13
每万人互联网宽带接入用户数（万户）	0.30	0.33	6	7

四、枣庄市

（一）科技创新发展情况

2019 年，枣庄市以产学研协同创新为突破口，建设山东省无机功能材料与智能制造创新创业共同体，列入全省首批"双创"共同体。着力构建科技型企业"小升高、高壮大"梯次培育机制，不断提升企业科技创新能力。制定系列人才政策措施，加大对引进的高层次创新人才及团队的引进力度。枣庄市综合科技创新水平指数为54.02%，居全省第 13 位，较上年提高 10.01 个百分点。

创新产出成效有较大提升。创新产出指数 64.30%，保持全省第 11 位，较上年提高 26.14 个百分点。每亿元 GDP 年登记技术合同成交额较上年增长 76.27 个百分点，位次提升 3 位。每亿元 GDP 发明专利申请数和每万人发明专利拥有量较上年均有所提高。

创新环境进一步优化。创新环境指数 61.95%，较上年提高 22.03 个百分点。规模以上工业企业研发费用加计扣除减免税占企业研发经费的比重较上年增加 2.68 个百分点，居全省第 12 位。每万名就业人员累计孵化企业数、实际使用外资金额占GDP 比重和每万人互联网宽带接入用户数较上年均略有提高。

企业创新能力有所增强。企业创新指数 71.42%，较上年提高 10.77 个百分点，位次提升 2 位至全省第 7 位，是枣庄排名较前列的一级指标。规模以上工业企业新产品销售收入占主营业务收入比重较上年提高 3.1 个百分点，位次提升至全省第 12位。规模以上工业企业 R&D 经费支出占主营业务收入的比重连续两年保持全省第3 位。有研发机构的规模以上工业企业占规模以上工业企业比重较上年提高 2.41 个百分点。

研发投入有待提升。创新资源指数 31.61%，较上年提高 4.39 个百分点。全社会 R&D 经费支出占 GDP 的比重较上年上升 0.43 个百分点，位次上升 3 位，但R&D 经费支出、基础研究经费支出下降。每万名就业人员中研发人员数较上年下降4.59 人年，居全省第 13 位。需加大研发经费投入力度，加快创新型人才的培养与引进，拓宽人才引进渠道，建立更加健全的研发经费投入机制和人才激励机制。

创新绩效劣势明显。创新绩效指数 38.22%，较上年下降 9.49 个百分点。全员劳动生产率较上年有所下降，万元 GDP 综合能耗较上年降幅收窄。建议加快推动产业转型升级,用高新技术、互联网信息化改造传统产业,大力培育战略性新兴产业,推动从要素驱动转向创新引领发展,控制全员劳动生产率下行的趋势,增强经济社会发展的可持续性。

图 3-4 所示为枣庄市一级评价指标与上年水平比较情况。

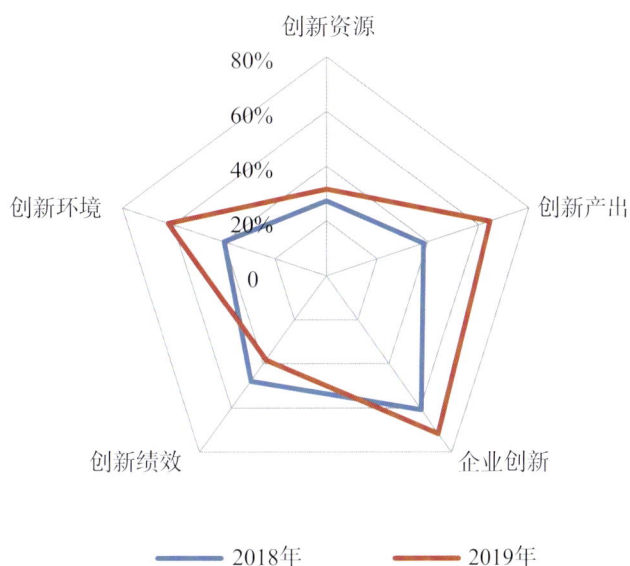

图 3-4　枣庄市一级评价指标与上年水平比较

（二）创新发展主要指标分析及位次

地区生产总值 1693.91 亿元,居全省第 16 位。全员劳动生产率 7.11 万元 / 人,居全省第 14 位。万元 GDP 综合能耗较上年下降 2.43%,居全省第 14 位。

地区 R&D 人员 5067.8 人年,居全省第 15 位。每万名就业人员中研发人员数 21.28 人年,居全省第 13 位。规模以上工业企业 R&D 人员占规模以上工业企业从业人员比重为 4.37%,居全省第 10 位。

全社会 R&D 经费支出 30.68 亿元,同比下降 7.37%;占 GDP 比重为 1.81%,比上年提高 0.43 个百分点,占比居全省第 12 位。基础研究经费 0.12 亿元,占 R&D 经费支出的比重为 0.38%,居全省第 13 位。地方财政科技支出占公共财政支出的比重为 1.39%,比上年提高 0.31 个百分点,居全省第 11 位。规模以上工业企业 R&D 经费支出占主营业务收入的比重为 2.36%,比上年提高 0.24 个百分点,居全省第 3 位。

高新技术企业 170 家,比上年增加 32 家,总数居全省第 15 位。每万家企业法人单位中高新技术企业数 33.20 家，居全省第 13 位。规模以上高新技术产业产值占规模以上工业产值的比重为 37.68%，比上年提高 4.73 个百分点，居全省第 9 位。

科技创新载体 174 家，其中省级以上重点实验室 1 家、省级创新创业共同体 1 家、省级以上科技企业孵化器 7 家、省级以上众创空间 13 家、省级以上引才引智示范基地 7 家、院士工作站 30 家。

每亿元 GDP 发明专利申请数 0.95 件，较上年增加 0.08 件，居全省第 4 位。每万人发明专利拥有量 3.45 件，较上年增加 0.26 件，居全省第 11 位。年登记技术合同成交额 25.71 亿元，较上年增长 41.73%，居全省第 14 位。

规模以上工业企业研发费用加计扣除减免税 1.21 亿元，占企业研发经费的比重达到 4.34%，比上年提高 2.68 个百分点。实际使用外资 1.45 亿美元，占 GDP 比重为 0.59%，居全省第 10 位。

表 3–4 所示为枣庄市各级指标值和位次与上年比较情况。

（三）产业发展情况

产业结构持续优化，农业生产保持平稳，工业生产企稳回暖，现代服务业提速发展。三次产业结构调整为 9.4∶43.5∶47.1。

经济新动能持续发力。110 个市级重点项目完成投资 298 亿元，腾龙智能制造产业园（一期）、中科福德新能源、振兴超高功率电极材料（一期）等 34 个项目建成投产。加快新兴动能培育，高端产业快速成长，经济高质量发展后劲十足。高端装备产业、高端化工产业实现增加值分别比上年增长 5.4% 和 9.6%，增速分别高于规模以上工业增加值 3.3 和 7.5 个百分点。扎实推进柔性引才"百人计划"，新引进各类高端人才 143 人。启动实施"双招双引"百千工程，新开工亿元以上项目 205 个，新签约 50 亿元以上项目 24 个。"双招双引"到位资金、实际使用外资总量分别增长 196%、111%。

当前，由于全市经济结构偏向于重工业，其主导行业中非金属矿物制品业、化学原料和化学制品制造业等行业，受环境保护的影响较大。

今后，大力实施制造业强市战略，制定出台支持制造业高质量发展的若干政策，推动传统产业向自动化、数字化、网络化、智能化升级。大力发展现代服务业新模式、新业态，积极刺激消费需求，加快塑造内需驱动型经济新优势。

表 3-4　枣庄市各级指标值与位次与上年比较

指标名称	指标值		位次	
	上年	当年	上年	当年
综合科技创新水平指数（%）	44.01	54.02	14	13
创新资源指数（%）	27.22	31.61	15	13
全社会研发（R&D）经费支出占地区生产总值（GDP）的比重（%）	1.38	1.81	15	12
地方财政科技支出占公共财政支出的比重（%）	1.08	1.39	12	11
每万名就业人员中研发人员数（人年）	25.87	21.28	13	13
基础研究经费支出占 R&D 经费支出的比重（%）	0.50	0.38	14	13
创新产出指数（%）	38.16	64.30	11	11
每亿元 GDP 年登记技术合同成交额（万元）	75.51	151.78	11	8
每亿元 GDP 发明专利申请数（件）	0.87	0.95	5	4
每万人发明专利拥有量（件）	3.19	3.45	10	11
企业创新指数（%）	60.65	71.42	9	7
规模以上工业企业 R&D 经费支出占主营业务收入的比重（%）	2.12	2.36	3	3
规模以上工业企业 R&D 人员占规模以上工业企业从业人员比重（%）	3.98	4.37	11	10
每万家企业法人单位中高新技术企业数（家）	46.28	33.20	6	13
有研发机构的规模以上工业企业占规模以上工业企业比重（%）	7.03	9.44	8	11
规模以上工业企业新产品销售收入占主营业务收入比重（%）	9.41	12.51	14	12
创新绩效指数（%）	47.71	38.22	12	14
规模以上高新技术产业产值占规模以上工业产值比重（%）	32.95	37.68	9	9
电子商务销售额占 GDP 比重（%）	2.39	3.67	15	15
全员劳动生产率（万元/人）	9.62	7.11	12	14
万元 GDP 综合能耗较上年降低率（%）	2.95	2.43	11	14
创新环境指数（%）	39.92	61.95	15	15
规模以上工业企业研发费用加计扣除减免税占企业研发经费的比重（%）	1.66	4.34	14	12
每万名就业人员累计孵化企业数（个）	0.67	0.76	12	13
科学研究和技术服务业平均工资比较系数（%）	77.10	70.27	11	12
实际使用外资金额占 GDP 比重（%）	0.29	0.59	14	10
每万人互联网宽带接入用户数（万户）	0.28	0.31	8	8

五、东营市

（一）科技创新发展情况

2019 年，东营市坚持稳中求进的总基调，加大科技创新力度，《创新型城市建设三年行动计划（2020—2022）》通过论证，国家级稀土催化研究院挂牌成立，黄河三角洲现代农业技术创新中心建设顺利。印发实施《东营市企业研究开发财政补助实施办法》，进一步强化财政科技资金引导作用，支持企业研究开发新产品，激发企业创新活力。推进创新孵化平台建设，培育科技型企业。制定出台《东营市科技企业孵化器和众创空间备案管理办法》，引导创新孵化平台规范化发展。东营市综合科技创新水平指数81.15%，较上年提高23.17个百分点，位次由上年的第8位上升至第5位。

创新资源优势显著。创新资源指数93.22%，较上年提高49.11个百分点，位次由第10位跃升至第2位。基础研究经费支出占R&D经费支出的比重由上年的第7位跃升至第1位。全社会R&D经费支出占GDP的比重提升0.7个百分点，提升幅度居全省第1位，位次由上年的第13位上升至第8位。每万名就业人员中研发人员数居全省第5位。

创新绩效增长较快。创新绩效指数91.87%，较上年提高31.59个百分点，位次由第5位上升至第2位。电子商务销售额占GDP比重由上年的第4位上升至第1位。规模以上高新技术产业产值占规模以上工业产值比重由上年的第15位上升至第13位。全员劳动生产率连续四年保持全省首位，但生产效率出现下降趋势，应引起重视。

创新产出成效明显。创新产出指数85.18%，较上年提高26.43个百分点，位次由第6位上升至第5位。每亿元GDP发明专利申请数较上年上升4个位次，居全省第11位。每亿元GDP年登记技术合同成交额与每万人发明专利拥有量较上年位次均保持不变，分别位居第4位、第6位。

创新环境有待进一步优化。创新环境指数位次由第4位下降至第9位。规模以上工业企业研发费用加计扣除减免税占企业研发经费的比重下降4个位次，居全省末位。科学研究和技术服务业平均工资比较系数较上年下降17.56个百分点。实际使用外资金额占GDP比重增长了1倍多，位次较上年上升3位。政府应加大普惠性科技创新政策的宣传，提高科技人员的工资、福利待遇，吸引更多的科技人才到东营创业。

企业创新提升缓慢。企业创新指数55.29%，较上年提高5.04个百分点，位次与上年持平，保持第13位，居全省中等偏下，是一级指标中位次较落后的指标。规模以上工业企业 R&D 经费支出占主营业务收入的比重由上年的第 14 位下降至第 15 位。规模以上工业企业新产品销售收入占主营业务收入比重下降 3 个位次至第 15 位。企业是创新的主体，要注重发挥好政府引导作用，充分调动起企业创新创业的积极性。

图 3-5 所示为东营市一级评价指标与上年水平比较情况。

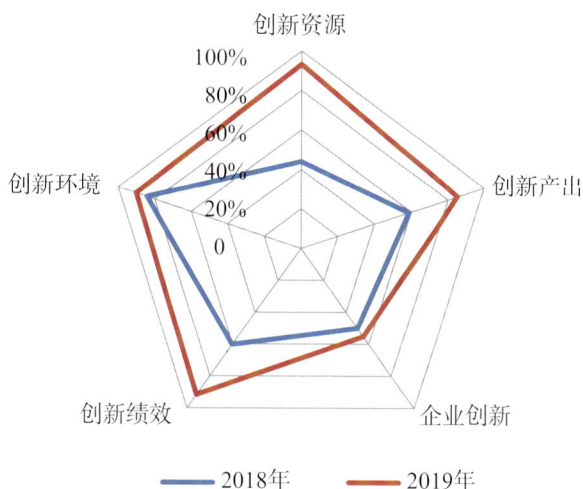

图 3-5　东营市一级评价指标与上年水平比较

（二）创新发展主要指标分析及位次

地区生产总值 2916.19 亿元，居全省第 11 位。全员劳动生产率 22.52 万元 / 人，稳居全省第 1 位。万元 GDP 综合能耗较上年下降 3.73%，居全省第 11 位。

地区 R&D 人员 8113.7 人年，较上年减少 2.54%，居全省第 12 位。每万名就业人员中研发人员数 62.65 人年，居全省第 5 位。规模以上工业企业 R&D 人员占规模以上工业企业从业人员比重为 3.45%，居全省第 14 位。

全社会 R&D 经费支出 68.38 亿元，比上年增加 0.29%；占 GDP 比重为 2.34%，比上年提高 0.7 个百分点，居全省第 8 位。基础研究经费支出占 R&D 经费支出的比重高达 14.67%，比上年提高 13.33 个百分点，跃居全省第 1 位。地方财政科技支出占公共财政支出的比重为 1.88%，比上年提高 0.33 个百分点，位次与上年持平，居全省第 10 位。规模以上工业企业 R&D 经费支出占主营业务收入比重为 0.86%，较上年下降 0.01 个百分点，居全省第 15 位。

高新技术企业 263 家，比上年增加 57 家，总数居全省第 10 位。每万家企业法人单位中高新技术企业数 60.39 家，比上年减少 0.94 家，居全省第 4 位。规模以上高新技术产业产值占规模以上工业产值比重为32.12%，比上年提高3.97个百分点，居全省第13位。

科技创新载体131家，其中省级以上重点实验室5家、省级以上技术创新中心1家、省级以上科技企业孵化器14家、省级以上众创空间25家、院士工作站20家、省级以上引才引智示范基地6家、国际科技合作基地2家、国家技术转移机构1家。

每亿元GDP发明专利申请数为0.58件，较上年增加0.21件，居全省第11位。每万人发明专利拥有量9.92件，较上年增加1.57件，居全省第6位。年登记技术合同成交额56.90亿元，较上年增长7.20%，成交额居全省第7位。

每万名就业人员累计孵化企业数9.92个，连续4年位居全省第1位。研发费用加计扣除减免税1.56亿元，占企业研发经费的比重为2.58%，居全省第16位。实际使用外资2.44亿美元，占GDP的比重为0.58%，居全省第12位。

表3-5所示为东营市各级指标值和位次与上年比较情况。

（三）产业发展情况

三次产业总体平稳。农业结构优化，工业生产向好，服务业支撑作用增强。服务业增加值占GDP比重提高1.3个百分点，对GDP增长贡献率为40.2%，拉动全市经济增长1.7个百分点。

动能转换多点突破。坚持以项目建设为抓手，着力构建"5+2+2"产业体系，新的发展动能不断积蓄。"四新"经济投资占比达到42.1%。工业转型升级扎实推进。高水平编制石化、橡胶、有色金属、石油装备、新材料和生物医药等产业发展规划。实施高成长型中小企业培育计划，首批35家企业主营业务收入增长15%，高于规上工业10个百分点。

当前，受宏观环境和长期积累矛盾叠加影响，防范化解企业债务风险任务依然繁重，且经济发展高度依赖传统工业拉动，缺乏高科技企业，产业结构缺乏新的增长点支撑。

今后，突出重点，坚定不移转型升级，进一步优化产业结构。围绕"5+2+2"产业和集群发展规划，加快拉长产业链、优化产品链、提升价值链，促进现有产业整体提升，向高端迈进。做强做优石化、橡胶、石油装备、有色金属、新材料等特色产业，发展壮大现代高效农业、现代海洋渔业、文化旅游业优势产业，加快发展生物医药产业、航空航天产业未来产业，围绕"创新型城市建设"三年行动计划，强力推进科技创新，通过创新再塑东营产业发展新优势。

表 3-5　东营市各级指标值和位次与上年比较

指标名称	指标值		位次	
	上年	当年	上年	当年
综合科技创新水平指数（%）	57.98	81.15	8	5
创新资源指数（%）	44.11	93.22	10	2
全社会研发（R&D）经费支出占地区生产总值（GDP）的比重（%）	1.64	2.34	13	8
地方财政科技支出占公共财政支出的比重（%）	1.55	1.88	10	10
每万名就业人员中研发人员数（人年）	62.55	62.65	6	5
基础研究经费支出占 R&D 经费支出的比重（%）	1.34	14.67	7	1
创新产出指数（%）	58.75	85.18	6	5
每亿元 GDP 年登记技术合同成交额（万元）	127.83	195.12	4	4
每亿元 GDP 发明专利申请数（件）	0.37	0.58	15	11
每万人发明专利拥有量（件）	8.35	9.92	6	6
企业创新指数（%）	50.25	55.29	13	13
规模以上工业企业 R&D 经费支出占主营业务收入的比重（%）	0.87	0.86	14	15
规模以上工业企业 R&D 人员占规模以上工业企业从业人员比重（%）	3.60	3.45	15	14
每万家企业法人单位中高新技术企业数（家）	61.33	60.39	4	4
有研发机构的规模以上工业企业占规模以上工业企业比重（%）	7.51	12.08	6	5
规模以上工业企业新产品销售收入占主营业务收入比重（%）	9.80	7.72	12	15
创新绩效指数（%）	60.28	91.87	5	2
规模以上高新技术产业产值占规模以上工业产值比重（%）	28.15	32.12	15	13
电子商务销售额占 GDP 比重（%）	22.32	49.37	4	1
全员劳动生产率（万元/人）	31.20	22.52	1	1
万元 GDP 综合能耗较上年降低率（%）	2.68	3.73	13	11
创新环境指数（%）	84.15	90.12	4	9
规模以上工业企业研发费用加计扣除减免税占企业研发经费的比重（%）	2.37	2.58	12	16
每万名就业人员累计孵化企业数（个）	8.56	9.92	1	1
科学研究和技术服务业平均工资比较系数（%）	122.97	105.41	4	4
实际使用外资金额占 GDP 比重（%）	0.25	0.58	15	12
每万人互联网宽带接入用户数（万户）	0.40	0.41	2	2

六、烟台市

（一）科技创新发展情况

2019 年，烟台市紧扣"建设制造业强市、海洋经济大市、宜业宜居宜游城市和现代化国际滨海城市"的目标定位，坚持稳中求进的工作总基调，坚定践行新发展理念，全面落实"巩固、增强、提升、畅通"八字方针，坚持把创新作为第一动力，共建中国科学院烟台产业技术创新与育成中心和中科先进材料与绿色化工产业技术研究院，签署中国科学院海洋大科学研究中心战略合作协议，加快科技成果转移转化、促进优势资源有效结合，深入推进济青烟国家科技成果转移转化示范区建设，实现高质量发展。烟台市综合科技创新水平指数 80.24%，较上年上升 13.94 个百分点，位次由上年的第 5 位下降至第 6 位。

创新环境进一步优化。创新环境指数高达 149.38%，比上年提高 82.0 个百分点，上升 6 个位次，居全省第 1 位。规模以上工业企业研发费用加计扣除减免税占企业研发经费的比重上升 9 个位次，居全省第 1 位。每万名就业人员累计孵化企业数较上年略有提升，位次居前列。科学研究和技术服务业平均工资比较系数上升 5 个位次。每万人互联网宽带接入用户数上升 1 个位次。

创新绩效发展提速。创新绩效指数 73.19%，比上年提高 16.51 个百分点，上升 4 个位次，居全省第 5 位。电子商务销售额占 GDP 比重与全员劳动生产率均上升 2 个位次，均居全省第 4 位。规模以上高新技术产业产值占规模以上工业产值比重较上年有明显提高。

创新产出效率不高。创新产出指数 69.32%，比上年提高 12.89 个百分点，但位次与上年持平，居全省第 7 位。每万人发明专利拥有量稳步上升，居全省第 5 位。每亿元 GDP 发明专利申请数位次较上年下降 4 位。每亿元 GDP 年登记技术合同成交额居全省第 10 位，处于全省中游。需进一步优化技术要素市场，增强市场的流动性和活跃度，加快科技成果转化步伐，提高创新产出效率。

创新资源集聚能力下降。创新资源指数 57.23%，比上年降低 7.96 个百分点，位次下降 4 位，居全省第 8 位。全社会 R&D 经费支出下降幅度较大，R&D 经费支出占 GDP 比重为 1.65%，比上年下降 0.74 个百分点，下降 11 个位次，低于全省平均水平，居全省第 14 位。每万名就业人员中研发人员数位次下降 2 位。研发经费、人力及投入强度的大幅下降，应引起政府高度重视，找准研发经费下滑及研发人员减少的关键所在，提高创新资源配置效率。

企业创新能力下滑明显。企业创新指数 68.36%，比上年降低 12.35 个百分点，位次下降 3 位，居全省第 8 位。有研发机构的规模以上工业企业占规模以上工业企业比重下降 7 个位次，居全省第 12 位，处于中等偏下水平。规模以上工业企业新产品销售收入占主营业务收入比重下降 2 个位次，居全省第 8 位。企业是创新的主体，要切实推动企业开展技术创新的主动性和积极性，开发拥有自主知识产权的关键核心技术，增强企业技术集成和产业化的水平。

图 3-6 所示为烟台市一级评价指标与上年水平比较情况。

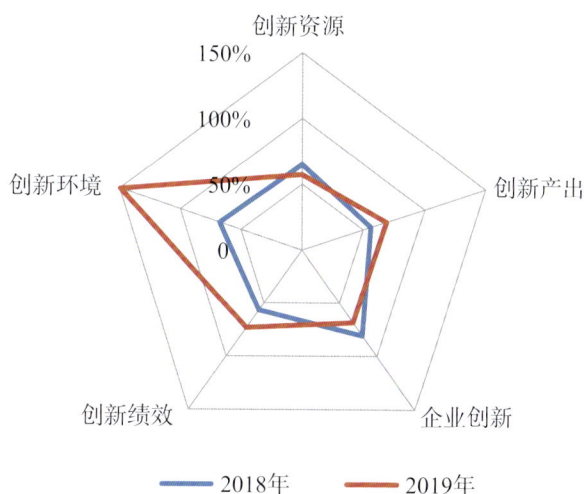

图 3-6　烟台市一级评价指标与上年水平比较

（二）创新发展主要指标分析及位次

地区生产总值 7653.45 亿元，居全省第 3 位。全员劳动生产率 17.55 万元 / 人，居全省第 4 位。万元 GDP 综合能耗较上年下降 3.16%，居全省第 12 位。

地区 R&D 人员 20 761 人年，比上年下降 25.42%，居全省第 4 位。每万名就业人员中研发人员数 47.62 人年，比上年减少 15.11 人年，下降 2 个位次，居全省第 7 位。规模以上工业企业 R&D 人员占规模以上工业企业从业人员比重为 5.25%，比上年减少 1.03 个百分点，居全省第 8 位。

全社会 R&D 经费支出 126.62 亿元，比上年减少 60.44 亿元，下降 32.31%，降幅较大；占 GDP 比重为 1.65%，比上年下降 0.74 个百分点，居全省第 14 位。基础研究经费支出占 R&D 经费支出的比重为 1.80%，比上年上升 0.70 个百分点，居全省第 6 位。地方财政科技支出占公共财政支出的比重为 3.85%，比上年上升 0.02 个百分点，居全省第 2 位。规模以上工业企业 R&D 经费支出占主营业务收入比重为 1.44%，比上年下降 0.36 个百分点，居全省第 9 位。

高新技术企业 823 家，比上年增加 188 家，居全省第 3 位。每万家企业法人单位中高新技术企业数 48.10 家，比上年增加 7.89 家，居全省第 6 位。规模以上高新技术产业产值占规模以上工业产值比重为 48.26%，比上年提高 1.42 个百分点，居全省第 5 位。

科技创新载体 232 家，其中省级以上重点实验室 22 家、省级以上技术创新中心 1 家、省级创新创业共同体 1 家、省级以上科技企业孵化器 25 家、省级以上众创空间 16 家、国际科技合作基地 8 家、省级以上引才引智示范基地 5 家、院士工作站 23 家。

每亿元 GDP 发明专利申请数为 0.60 件，较上年减少 0.09 件，居全省第 10 位。每万人发明专利拥有量 10.11 件，较上年增加 1.07 件，居全省第 5 位。年登记技术合同成交额 110.95 亿元，较上年增长 31.26%，成交额居全省第 3 位。

每万名就业人员累计孵化企业数 2.83 个，居全省第 6 位。实际使用外资 19.41 亿美元，占 GDP 比重 1.75%，较上年下降 0.47 个百分点，居全省第 3 位。

表 3-6 所示为烟台市各级指标值和位次与上年比较情况。

（三）产业发展情况

三次产业结构优化取得新进展，转型升级迈出坚实步伐。第一产业增长 2.6%；第二产业增长 4.1%；第三产业增长 7.1%。三次产业构成为 7.2：41.6：51.2，服务业主引擎作用凸显。

新旧动能转换提质加速，高质量发展新优势加快集聚。新产业、新产品、新业态发展较快，以新一代信息技术、高端装备制造业、生物产业、节能环保产业等为主的战略性新兴产业实现产值增长 12.6%，服务业新动能增势强劲。

当前，新增长点不足问题愈发突出，经济下行压力依然较大，工业增长过度依赖高耗能行业增长拉动，可持续性不强，新动能规模偏小，结构调整任重道远。

今后，着力推动经济高质量发展。重点发展新一代信息技术、智能制造、航空航天、海洋经济等八大战略性新兴产业，做大做强生物医药、先进结构材料战略性新兴产业集群，加快推进传统产业提升发展、新兴产业突破发展，全力推进服务业向专业化和价值链高端延伸，进而提升区域竞争力。

表 3-6 烟台市各级指标值和位次与上年比较

指标名称	指标值		位次	
	上年	当年	上年	当年
综合科技创新水平指数（%）	66.30	80.24	5	6
创新资源指数（%）	65.19	57.23	4	8
全社会研发（R&D）经费支出占地区生产总值（GDP）的比重（%）	2.39	1.65	3	14
地方财政科技支出占公共财政支出的比重（%）	3.83	3.85	1	2
每万名就业人员中研发人员数（人年）	62.72	47.62	5	7
基础研究经费支出占 R&D 经费支出的比重（%）	1.10	1.80	9	6
创新产出指数（%）	56.43	69.32	7	7
每亿元 GDP 年登记技术合同成交额（万元）	107.92	144.97	9	10
每亿元 GDP 发明专利申请数（件）	0.69	0.60	6	10
每万人发明专利拥有量（件）	9.04	10.11	5	5
企业创新指数（%）	80.71	68.36	5	8
规模以上工业企业 R&D 经费支出占主营业务收入的比重（%）	1.80	1.44	7	9
规模以上工业企业 R&D 人员占规模以上工业企业从业人员比重（%）	6.28	5.25	5	8
每万家企业法人单位中高新技术企业数（家）	40.21	48.10	8	6
有研发机构的规模以上工业企业占规模以上工业企业比重（%）	9.60	9.26	5	12
规模以上工业企业新产品销售收入占主营业务收入比重（%）	18.22	18.28	6	8
创新绩效指数（%）	56.68	73.19	9	5
规模以上高新技术产业产值占规模以上工业产值比重（%）	46.84	48.26	3	5
电子商务销售额占 GDP 比重（%）	16.53	23.32	6	4
全员劳动生产率（万元／人）	17.65	17.55	6	4
万元 GDP 综合能耗较上年降低率（%）	3.45	3.16	10	12
创新环境指数（%）	67.38	149.38	7	1
规模以上工业企业研发费用加计扣除减免税占企业研发经费的比重（%）	3.27	14.09	10	1
每万名就业人员累计孵化企业数（个）	2.63	2.83	5	6
科学研究和技术服务业平均工资比较系数（%）	75.56	96.33	12	7
实际使用外资金额占 GDP 比重（%）	2.22	1.75	4	3
每万人互联网宽带接入用户数（万户）	0.29	0.33	7	6

七、潍坊市

（一）科技创新发展情况

2019 年，潍坊市深入贯彻落实"63751"工作思路，结合本市产业优势，进一步提升科技重点工作管理服务水平和工作效能，积极推进区域创新创业载体建设工作，加大高端人才"双招双引"力度，不断扩大高新技术企业规模，在科技成果转化及获得重大创新项目扶持方面成效显著。潍坊市综合科技创新水平指数为 60.79%，较上年提高 2.03 个百分点，居全省第 10 位。

创新环境持续优化。创新环境指数较上年提高 18.27 个百分点。规模以上工业企业研发费用加计扣除减免税占企业研发经费的比重较上年提高 2.84 个百分点，每万名就业人员累计孵化企业数、每万人互联网宽带接入用户数较上年均略有提高。但值得注意的是创新环境提升水平速度减缓，导致位次下降较大。

专利产出水平进一步提升。创新产出指数较上年提高 5.83 个百分点。每亿元 GDP 发明专利申请数居全省第 3 位。发明专利拥有量同比增长 19.9%，每万人发明专利拥有量较上年增长较快，说明自主创新能力有一定提升。

创新资源提升缓慢。创新资源指数较上年提高 0.53 个百分点。全社会 R&D 经费支出占 GDP 的比重、地方财政科技支出占公共财政支出的比重、每万名就业人员中研发人员数位次均较上年下滑 1 位。基础研究经费支出占 R&D 经费支出的比重较上年下降 0.08 个百分点。需进一步加大政府科技投入力度，激发社会各界创新创业积极性，加强引才引智力度，健全鼓励支持基础研究、原始创新的体制机制。

企业创新指数略有回落。企业创新指数较上年下降 0.06 个百分点，位次仍保持全省第 11 位。每万家企业法人单位中高新技术企业数下降 6.09 个百分点，位次由上年第 5 位下降至第 8 位。规模以上工业企业 R&D 人员占规模以上工业企业从业人员比重下降 0.33 个百分点，位次由上年第 10 位下降至第 12 位。应进一步发挥市场机制作用，强化市场创新主体地位，加大金融扶持力度，支持企业研发投入，推动企业高质量发展。

创新绩效下降明显。创新绩效指数下降 10.18 个百分点，位次下降 5 位至全省第 11 位。万元 GDP 综合能耗较上年降低率下降尤为明显，较上年从第 7 位下降至第 15 位，全员劳动生产率较上年从第 8 位下降至第 9 位。政府应加快产业结构调整，加大对新增长点的扶持力度，以项目带动投资，以增量优存量，持续实现高质量发展。

图 3-7 所示为潍坊市一级评价指标与上年水平比较情况。

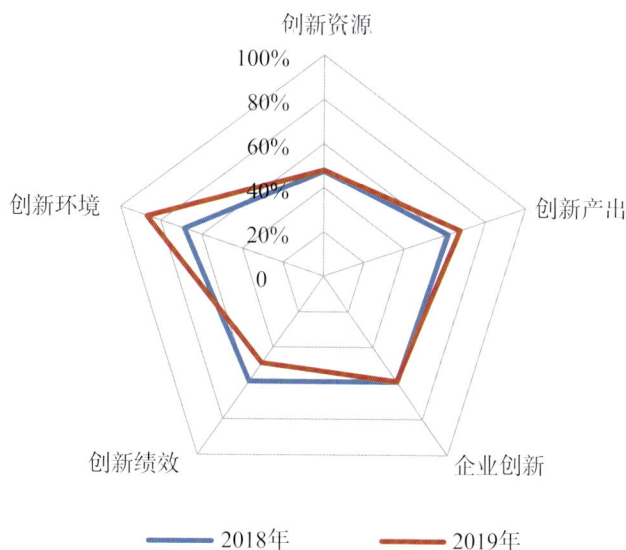

图 3-7 潍坊市一级评价指标与上年水平比较

（二）创新发展主要指标分析及位次

地区生产总值 5688.5 亿元，居全省第 4 位。全员劳动生产率 10.31 万元 / 人，居全省第 9 位。万元 GDP 综合能耗较上年上升 3.49%，居全省第 15 位。

地区 R&D 人员 19 467.4 人年，比上年下降 9.01 个百分点，居全省第 5 位。每万名就业人员中研发人员数 35.28 人年，较上年下降 2.33 人年，位列全省第 10 位。规模以上工业企业 R&D 人员占规模以上工业企业从业人员比重为 3.98%，居全省第 12 位。

全社会 R&D 经费支出 119.22 亿元，比上年减少 2.30%；占 GDP 比重为 2.10%，比上年增长 0.11%，占比居全省第 10 位。R&D 经费中基础研究经费占比 0.77%，居全省第 10 位。地方财政科技支出占公共财政支出的比重为 2.79%，比上年提高 0.05 个百分点，居全省第 8 位。规模以上工业企业 R&D 经费支出占主营业务收入比重为 1.38%，比上年提高 0.03 个百分点，居全省第 11 位。

高新技术企业 809 家，比上年增加 105 家，总数居全省第 4 位。每万家企业法人单位中高新技术企业数 41.79 家，居全省第 8 位。规模以上高新技术产业产值占规模以上工业产值比重为 49.74%，比上年提高 4.89 个百分点，居全省第 3 位。

科技创新载体 336 家，其中省级以上重点实验室 14 家、省级以上技术创新中心 2 家、省级以上科技企业孵化器 36 家、省级以上众创空间 36 家、省级以上引才引智示范基地 13 家、院士工作站 35 家、国际科技合作基地 6 家、国家技术转移机构 1 家。

每亿元 GDP 发明专利申请数为 1.05 件，较上年减少 0.16 件，居全省第 3 位。每万人发明专利拥有量 8.07 件，较上年增加 1.33 件，居全省第 7 位。年登记技术合同成交额 77.47 亿元，较上年增长 4.89%，居全省第 5 位。

规模以上工业企业研发费用加计扣除减免税 8.21 亿元，占企业研发经费的比重达到 7.23%，比上年提高 2.84 个百分点。实际使用外资 6.99 亿美元，占 GDP 的比重 0.85%，比上年降低 0.59 个百分点，居全省第 6 位。

表 3-7 所示为潍坊市各级指标值和位次与上年比较情况。

（三）产业发展情况

三次产业结构持续优化。第一产业增加值增长 0.9%，第二产业增加值与上年持平，第三产业增加值增长 7.5%。三次产业结构调整为 9.1：40.3：50.6，服务业对经济的拉动作用进一步增强。

重点产业集群聚优成势。重点培育 9 大产业集群，其中高端动力装备、高端畜牧产业集群规模突破 500 亿元。5 个优势产业集群、7 家企业入选全省首批"雁阵型"产业集群、龙头企业，8 家企业入选"2019 年全国民营企业制造业 500 强"，18 家农业龙头企业获评 2019 年全国农业产业化龙头企业 500 强。

2019 年，全市经济运行总体平稳，但工业运行压力大，全市规模以上工业增加值下降 0.7%，54% 的行业增加值下降，投资持续下滑。

今后，全面提升产业层次和核心竞争力，加快高新技术产业发展，支持 5G、自动驾驶、物联网技术等研发和应用，打通科技成果转化通道，加快优势产业集群建设，加速传统产业转型升级，推动传统产业集群化、高端化、绿色化发展。

表 3-7　潍坊市各级指标值和位次与上年比较

指标名称	指标值		位次	
	上年	当年	上年	当年
综合科技创新水平指数（%）	58.76	60.79	7	10
创新资源指数（%）	47.46	47.99	8	11
全社会研发（R&D）经费支出占地区生产总值（GDP）的比重（%）	1.98	2.10	9	10
地方财政科技支出占公共财政支出的比重（%）	2.74	2.79	7	8
每万名就业人员中研发人员数（人年）	37.61	35.28	9	10
基础研究经费支出占 R&D 经费支出的比重（%）	0.85	0.77	12	10
创新产出指数（%）	61.74	67.57	4	8
每亿元 GDP 年登记技术合同成交额（万元）	119.97	136.19	7	11
每亿元 GDP 发明专利申请数（件）	1.21	1.05	3	3
每万人发明专利拥有量（件）	6.74	8.07	7	7
企业创新指数（%）	59.16	59.10	11	11
规模以上工业企业 R&D 经费支出占主营业务收入的比重（%）	1.35	1.38	12	11
规模以上工业企业 R&D 人员占规模以上工业企业从业人员比重（%）	4.31	3.98	10	12
每万家企业法人单位中高新技术企业数（家）	47.88	41.79	5	8
有研发机构的规模以上工业企业占规模以上工业企业比重（%）	5.80	6.10	14	13
规模以上工业企业新产品销售收入占主营业务收入比重（%）	16.64	18.41	7	7
创新绩效指数（%）	59.10	48.92	6	11
规模以上高新技术产业产值占规模以上工业产值比重（%）	44.85	49.74	5	3
电子商务销售额占 GDP 比重（%）	11.47	11.66	9	8
全员劳动生产率（万元/人）	10.82	10.31	8	9
万元 GDP 综合能耗较上年降低率（%）	4.16	−3.49	7	15
创新环境指数（%）	68.45	86.72	6	10
规模以上工业企业研发费用加计扣除减免税占企业研发经费的比重（%）	4.39	7.23	7	7
每万名就业人员累计孵化企业数（个）	1.68	1.71	8	8
科学研究和技术服务业平均工资比较系数（%）	84.54	68.98	7	13
实际使用外资金额占 GDP 比重（%）	1.44	0.85	3	6
每万人互联网宽带接入用户数（万户）	0.27	0.30	10	10

八、济宁市

（一）科技创新发展情况

2019 年，济宁市围绕构建"1+233"工作体系，坚持把新旧动能转换作为贯彻发展理念、深化供给侧结构性改革的总抓手，创新能力持续增强。启动建设济宁创新谷，市产业技术研究院与 21 家科研院所建立合作关系，落地 10 个高端产业项目。山推协同研究院、微山湖微电子研究院等企业创新平台落地建设。太阳纸业获国家科技进步一等奖。济宁市综合科技创新水平指数 55.08%，较上年提高 5.55 个百分点，居全省第 12 位。

创新环境得到优化。创新环境指数较上年提高 42.19 个百分点，位次由上年的第 14 位上升至第 8 位。规模以上工业企业研发费用加计扣除减免税占企业研发经费比重较上年提高 5.75 个百分点，位次由上年的第 13 位上升至第 6 位。每万名就业人员累计孵化企业数较上年提高 0.38 个百分点。每万人互联网宽带接入用户数位次较上年提高 1 位。

创新产出成效略有提升。创新产出指数较上年提高 9.54 个百分点。每亿元GDP 年登记技术合同成交额较上年提高 31.71 个百分点。每万人发明专利拥有量较上年提高 0.33 个百分点。

企业创新能力有所增强。企业创新指数较上年提高 2.93 个百分点，位次由上年的第 12 位上升至第 10 位。有研发机构的规模以上工业企业占规模以上工业企业比重提高 3.84 个百分点，位次由上年第 9 位上升至第 6 位。规模以上工业企业新产品销售收入占主营业务收入比重提升 1.1 个百分点。

创新投入有待提升。全社会 R&D 经费支出占 GDP 的比重下降 0.64 个百分点，位次由上年第 11 位下降至第 15 位。地方财政科技支出占公共财政支出的比重位次下降 1 位。基础研究经费支出占 R&D 经费支出的比重位次下降 1 位。应高度重视研发经费及企业研发活动，加大财政科技投入力度，引导企业和社会增加研发投入，以科技创新为核心引领和带动全面创新。

创新绩效明显回落。创新绩效指数较上年下降 15.26 个百分点，位次由上年的第 10 位下滑至第 13 位。电子商务销售额占 GDP 比重位次由上年第 8 位下降至第 16 位。规模以上高新技术产业产值占规模以上工业产值比重位次由上年第 13 位下降至第 15 位。传统能源产业仍然是支撑工业经济的主要力量，传统的交通运输、仓储和邮政主营业务收入依然占全市五成左右。政府应尽快补齐短板，提升高技术制造业的总体水平。

创新人才需加强重视。每万名就业人员中研发人员数和规模以上工业企业 R&D 人员占规模以上工业企业从业人员比重均较上年出现下降，且位次排名靠后。应加强对研发人力投入的重视程度，创新"引进、留用"人才机制，打造"一流"人才环境。

图 3-8 所示为济宁市一级评价指标与上年水平比较情况。

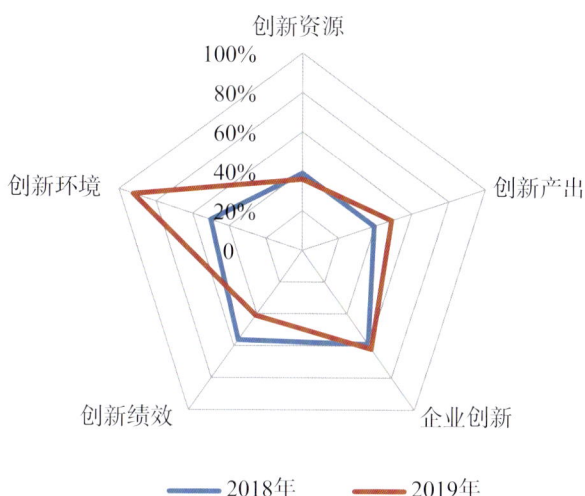

图 3-8　济宁市一级评价指标与上年水平比较

（二）创新发展主要指标分析及位次

地区生产总值 4370.17 亿元，居全省第 6 位。全员劳动生产率 8.81 万元 / 人，居全省第 11 位。万元 GDP 综合能耗较上年下降 4.39%，居全省第 9 位。

地区 R&D 人员 12 728.6 人年，比上年下降 23.06%，居全省第 8 位。每万名就业人员中研发人员数 25.67 人年，较上年下降 6.76 人年，位列全省第 12 位。规模以上工业企业 R&D 人员占规模以上工业企业从业人员比重为 3.11%，居全省第 15 位。

全社会 R&D 经费支出 54.26 亿元，较上年下降 41.51%；占 GDP 比重为 1.24%，比上年减少 0.64 个百分点，居全省第 15 位。R&D 经费中基础研究经费占比 3.28%，居全省第 5 位。地方财政科技支出占公共财政支出的比重为 1.30%，比上年提高 0.09 个百分点，列全省第 12 位；规模以上工业企业 R&D 经费支出占主营业务收入比重为 1.33%，比上年减少 0.16%，居全省第 12 位。

高新技术企业 503 家，比上年增加 103 家，总数居全省第 7 位。每万家企业法人单位中高新技术企业数 34.13 家，居全省第 12 位。规模以上高新技术产业产值占规模以上工业产值比重为 30.70%，比上年提高 0.33 个百分点，居全省第 15 位。

科技创新载体 281 家，其中省级以上重点实验室 5 家、省级以上科技企业孵化器 26 家、省级以上众创空间 53 家、省级以上引才引智示范基地 8 家、院士工作站 22 家、国际科技合作基地 5 家、国家技术转移机构 2 家。

每亿元 GDP 发明专利申请数为 0.51 件，较上年减少 0.14 件，居全省第 12 位。每万人发明专利拥有量 3.25 件，较上年增加 0.33 件，居全省第 12 位。年登记技术合同成交额 52.22 亿元，较上年增长 20.66%，居全省第 8 位。

规模以上工业企业研发费用加计扣除减免税 3.75 亿元，占企业研发经费的比重达到 8.01%，比上年提高 5.75 个百分点。实际使用外资 4.52 亿美元，占 GDP 的比重 0.71%，比上年降低 0.29 个百分点，居全省第 7 位。

表 3-8 所示为济宁市各级指标值和位次与上年比较情况。

（三）产业发展情况

三次产业结构稳中向好发展，农业生产形势稳定，工业运行稳中趋缓，服务业保持较快增长。产业结构调整为 11.5：40.3：48.2，第三产业占比同比提升 1.8 个百分点，以服务业为主导的"三二一"现代产业格局更加稳固。

新旧动能转化持续推进。服务业在内部结构优化的同时，信息技术产业规模不断扩大，占规模以上服务业收入比重 20.4%。农业现代化水平不断提高，现代高效农业实现增加值 62.2 亿元，增长 14.0%。工业新动能不断聚集，电子及通信设备制造业增加值增长 13.2%，高于全市 11.8 个百分点。全市"四新"投资额占比提升至 52.1%，为经济高质量发展注入新的活力和动能。六大耗能行业增加值持续回落，去杠杆效果显现。

目前，煤炭开采和洗选业仍是支持全市工业经济发展的主要力量，高技术制造业总体水平依然偏低、规模偏小。资源型经济底色没有得到明显改变，工业经济转型升级提质增效动能仍显不足。

今后，要聚焦"智能化、绿色化、高端化"方向，充分挖掘传统产业优势，加大工业技改支持力度，加快推动新能源、新材料、先进装备等重点工业产业集群建设，创新"产品＋服务"模式，重构产业链条，实现由低附加值的单纯代工向深度加工、研发设计和自主品牌等高附加值环节转变。深化"造链、补链、强链、延链"工程，推动大数据、云计算、区块链、人工智能与传统产业深度融合。

表 3-8 济宁市各级指标值和位次与上年比较

指标名称	指标值		位次	
	上年	当年	上年	当年
综合科技创新水平指数（%）	49.53	55.08	9	12
创新资源指数（%）	39.00	35.86	12	12
全社会研发（R&D）经费支出占地区生产总值（GDP）的比重（%）	1.88	1.24	11	15
地方财政科技支出占公共财政支出的比重（%）	1.21	1.30	11	12
每万名就业人员中研发人员数（人年）	32.43	25.67	12	12
基础研究经费支出占 R&D 经费支出的比重（%）	2.10	3.28	4	5
创新产出指数（%）	39.61	49.15	10	12
每亿元 GDP 年登记技术合同成交额（万元）	87.78	119.49	10	12
每亿元 GDP 发明专利申请数（件）	0.65	0.51	8	12
每万人发明专利拥有量（件）	2.92	3.25	12	12
企业创新指数（%）	58.96	61.89	12	10
规模以上工业企业 R&D 经费支出占主营业务收入的比重（%）	1.49	1.33	11	12
规模以上工业企业 R&D 人员占规模以上工业企业从业人员比重（%）	3.75	3.11	13	15
每万家企业法人单位中高新技术企业数（家）	37.10	34.13	12	12
有研发机构的规模以上工业企业占规模以上工业企业比重（%）	6.52	10.36	9	6
规模以上工业企业新产品销售收入占主营业务收入比重（%）	18.26	19.36	5	6
创新绩效指数（%）	56.21	40.95	10	13
规模以上高新技术产业产值占规模以上工业产值比重（%）	30.37	30.70	13	15
电子商务销售额占 GDP 比重（%）	13.64	3.65	8	16
全员劳动生产率（万元／人）	9.66	8.81	11	11
万元 GDP 综合能耗较上年降低率（%）	2.22	4.39	15	9
创新环境指数（%）	50.19	92.38	14	8
规模以上工业企业研发费用加计扣除减免税占企业研发经费的比重（%）	2.26	8.01	13	6
每万名就业人员累计孵化企业数（个）	2.20	2.58	7	7
科学研究和技术服务业平均工资比较系数（%）	70.30	62.76	14	15
实际使用外资金额占 GDP 比重（%）	1.00	0.71	8	7
每万人互联网宽带接入用户数（万户）	0.25	0.27	13	12

九、泰安市

（一）科技创新发展状况

2019 年，泰安市着力推进"10+1"产业发展规划落实，大力实施创新驱动发展战略，不断增强创新支撑。优化创新创业生态，以更舒适的环境、更有温度的服务激发全社会创新创业活力。大力实施"1351"工程，对科技型中小企业实施梯次培育。实施"创新 50 强"企业培植提升行动，出台实施意见和工作方案。从提高科技创新综合服务水平入手，加大建设各类科技创新平台，整合集聚各类科技创新资源。集聚高层次创新创业人才、团队，坚持引进、培育并举，不断构筑开放创新高地。泰安市综合科技创新水平指数为 74.05%，较上年提高 13.87 个百分点，位列全省第 7 位。

创新环境进一步优化。创新环境指数较上年提高 50.84 个百分点，位次由上年的第 12 位上升至第 6 位。规模以上工业企业研发费用加计扣除减免税占企业研发经费的比重由上年的第 11 位上升至第 4 位。科学研究和技术服务业平均工资比较系数较上年提高 33.74 个百分点，跃居全省第 3 位。实际使用外资金额占 GDP 比重上升 1 位。

创新资源集聚能力有所提升。创新资源指数较上年提高 10.15 个百分点，居全省第 9 位，较上年上升 2 位。全社会 R&D 经费支出占 GDP 的比重和基础研究经费支出占 R&D 经费支出的比重均较上年上升 1 位。

企业创新能力稳步增强。企业创新指数较上年提高 9.84 个百分点，居全省第 2 位，较上年上升 1 位。每万家企业法人单位中高新技术企业数较上年增加 8.40 家。有研发机构的规模以上工业企业占规模以上工业企业比重较上年提高 3.97 个百分点。规模以上工业企业新产品销售收入占主营业务收入比重较上年上升 3 位。

创新产出效率有待提高。创新产出指数较上年提高 12.93 个百分点，但位次下降 2 位。每亿元 GDP 年登记技术合同成交额下降 1 个位次。每万人发明专利拥有量居全省第 9 位。政府应借鉴先进地市经验，发展新型研发机构，提高技术创新和科技成果转化效率，提升全社会创新活力。

创新绩效存在劣势。创新绩效指数 51.17%，较上年下降 5.89 个百分点，居全省第 10 位。全员劳动生产率下降 2.18 万元／人，位次下降 2 位。电子商务销售额占 GDP 比重、每万人互联网宽带接入用户数排名落后。政府应进一步推动科技创新，提高就业人员素质，提升社会生活信息化水平，促进经济高质量发展。

图 3-9 所示为泰安市一级评价指标与上年水平比较情况。

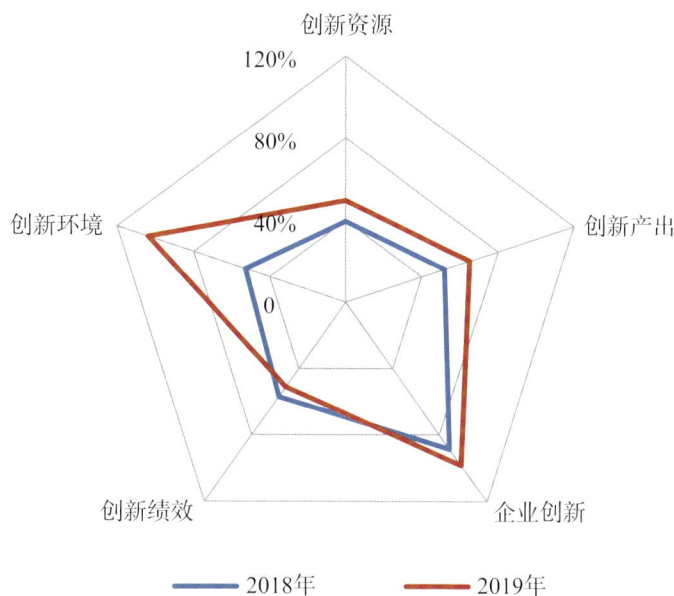

图 3-9　泰安市一级评价指标和上年水平比较

（二）创新发展主要指标分析及位次

地区生产总值 2663.59 亿元，居全省第 12 位。全员劳动生产率 7.80 万元/人，居全省第 12 位。万元 GDP 综合能耗较上年下降 4.62%，居全省第 8 位。

地区 R&D 人员 14 321.2 人年，较上年增长 2.22%，居全省第 6 位。每万名就业人员中研发人员数 41.91 人年，较上年增加 3.65 人年，居全省第 8 位。规模以上工业企业 R&D 人员占规模以上工业企业从业人员比重 7.44%，居全省第 5 位。

全社会 R&D 经费支出 64.40 亿元，较上年下降 15.33%；占 GDP 比重为 2.42%，较上年提高 0.33 个百分点，居全省第 6 位。基础研究经费支出占 R&D 经费支出的比重为 3.58%，居全省第 4 位。地方财政科技支出占公共财政支出的比重为 1.04%，较上年提高 0.21 个百分点，居全省第 13 位。规模以上工业企业 R&D 经费支出占主营业务收入比重为 2.77%，较上年下降 0.51 个百分点，居全省第 1 位。

高新技术企业 272 家，较上年增加 76 家，总数居全省第 9 位。每万家企业法人单位中高新技术企业数 47.00 家，居全省第 7 位。规模以上高新技术产业产值占规模以上工业产值比重达到 44.31%，较上年增加 7.42 个百分点，居全省第 6 位。

科技创新载体 213 家，其中省级以上重点实验室 13 家、省级以上科技企业孵化器 13 家、省级以上众创空间 15 家、国际科技合作基地 6 家、省级以上引才引智示范基地 9 家、院士工作站 17 家、省级农科驿站 80 家。

每亿元 GDP 发明专利申请数达到 0.70 件，较上年增加 0.03 件，居全省第 6 位。每万人发明专利拥有量 3.82 件，较上年增加 0.36 件，居全省第 9 位。年登记技术合同成交额 42.61 亿元，较上年下降 5.14%，成交额居全省第 9 位。

规模以上工业企业研发费用加计扣除减免税 5.31 亿元，占企业研发经费的比重达到 9.55%，较上年提高 6.40 个百分点。每万名就业人员累计孵化企业数为 0.74 个，较上年增加 0.16 个。实际使用外资 4.59 亿美元，占 GDP 的比重 1.19%，较上年降低 0.07 个百分点，居全省第 5 位。

表 3-9 所示为泰安市各级指标值和位次与上年比较情况。

（三）产业发展情况

三次产业发展成效显著。现代农业提质增效，工业生产保持较快增长，规模以上工业增加值同比增长 5.4%，重点服务业企业带动力增强，科学研究和技术服务业收入同比增长 54.1%，"产业兴市"初显成效。

新旧动能转换成效显著。服务业引擎作用凸显，对经济增长的贡献率达 64.6%，拉动 GDP 增长 4.1 个百分点；高新技术企业发展快速，国家级高新技术企业增长 37.8%；创新支撑不断增强，新增院士工作站 12 家，9 家企业被评为"国家知识产权优势企业"。

当前国内外环境复杂多变，经济下行压力较大，枣庄市的工业经济整体竞争力不强，重工业比例偏高，传统农业生产面临较大挑战。

今后，加快现代产业体系建设，推动产业转型升级。对"十强"产业核心链条开展集中攻关，推动新兴行业实现突破发展。进一步推动发展旅游文化、现代物流、信息技术、健康养老等服务业，完善移动电商、物联网等载体建设，逐步建立现代产业体系。

表 3-9　泰安市各级指标值和位次与上年比较

指标名称	指标值		位次	
	上年	当年	上年	当年
综合科技创新水平指数（%）	60.17	74.05	6	7
创新资源指数（%）	39.33	49.48	11	9
全社会研发（R&D）经费支出占地区生产总值（GDP）的比重（%）	2.08	2.42	7	6
地方财政科技支出占公共财政支出的比重（%）	0.83	1.04	13	13
每万名就业人员中研发人员数（人年）	38.26	41.91	8	8
基础研究经费支出占 R&D 经费支出的比重（%）	1.98	3.58	5	4
创新产出指数（%）	52.19	65.12	8	10
每亿元 GDP 年登记技术合同成交额（万元）	123.02	159.97	6	7
每亿元 GDP 发明专利申请数（件）	0.67	0.70	7	6
每万人发明专利拥有量（件）	3.46	3.82	9	9
企业创新指数（%）	88.64	98.48	3	2
规模以上工业企业 R&D 经费支出占主营业务收入的比重（%）	3.28	2.77	1	1
规模以上工业企业 R&D 人员占规模以上工业企业从业人员比重（%）	6.10	7.44	6	5
每万家企业法人单位中高新技术企业数（家）	38.60	47.00	10	7
有研发机构的规模以上工业企业占规模以上工业企业比重（%）	5.87	9.84	13	9
规模以上工业企业新产品销售收入占主营业务收入比重（%）	19.57	27.36	4	1
创新绩效指数（%）	57.06	51.17	8	10
规模以上高新技术产业产值占规模以上工业产值比重（%）	36.89	44.31	8	6
电子商务销售额占 GDP 比重（%）	2.21	7.23	16	14
全员劳动生产率（万元 / 人）	9.97	7.80	10	12
万元 GDP 综合能耗较上年降低率（%）	2.28	4.62	14	8
创新环境指数（%）	52.86	103.69	12	6
规模以上工业企业研发费用加计扣除减免税占企业研发经费的比重（%）	3.14	9.55	11	4
每万名就业人员累计孵化企业数（个）	0.58	0.74	14	14
科学研究和技术服务业平均工资比较系数（%）	71.80	105.54	13	3
实际使用外资金额占 GDP 比重（%）	1.26	1.19	6	5
每万人互联网宽带接入用户数（万户）	0.26	0.26	11	14

十、威海市

（一）科技创新发展状况

2019 年，威海市围绕打造"千里海岸线，一条创新链"，加快建设国家区域创新中心，将改革攻坚作为推动创新型城市建设的重要任务，上下一体、破立并举，大胆创新、先行先试，推动科技改革工作向深处、实处发展。加快科技管理体制改革，整合各类科技专项，设立科技创新专项资金。在"1+4+N"平台架构基础上创新体制机制，通过加盟、共建等方式已构建形成了"1 院"引导、"4 平台"支撑、"16 机构"加盟的完整格局，科技创新工作取得显著成效。威海市综合科技创新水平指数为 89.47%，较上年提高 14.75 个百分点，居全省第 4 位。

企业创新能力显著增强。企业创新指数较上年提高 27.83 个百分点，位次由上年的第 7 位上升至第 3 位。规模以上工业企业 R&D 经费支出占主营业务收入比重位次上升 5 位。有研发机构的规模以上工业企业占规模以上工业企业比重较上年提高 6.41 个百分点。规模以上工业企业新产品销售收入占主营业务收入比重位次上升 3 位。

创新产出效率进一步提升。创新产出指数较上年提高 27.43 个百分点，居全省第 4 位，较上年上升 1 位。每亿元 GDP 年登记技术合同成交额较上年提高 76.75 万元。每亿元 GDP 发明专利申请数上升 2 位。

创新资源优势继续巩固。创新资源指数较上年提高 6.67 个百分点，居全省第 5 位。全社会 R&D 经费支出占 GDP 的比重位次上升 5 位。每万名就业人员中研发人员数位次上升 1 位，但基础研究经费及占 R&D 经费的比重下降严重，应引起重视。

创新环境进一步优化。创新环境指数较上年提高 6.85 个百分点，位次下降至全省第 2 位。实际使用外资金额占 GDP 比重居全省第 2 位。每万名就业人员累计孵化企业数居全省第 3 位。规模以上工业企业研发费用加计扣除减免税占企业研发经费的比重较上年提高 0.26 个百分点，位次下降 2 位。科学研究和技术服务业平均工资比较系数较上年提高。政府应加强对企业科技活动的重视程度，做好普惠性科技创新政策的宣传和落实，让更多企业享受科技政策带来的实惠。

创新绩效水平仍需进一步提升。创新绩效指数较上年提高 0.76 个百分点，居全省第 4 位，较上年下降 1 位。全员劳动生产率下降 2.47 万元 / 人，位次下降 2 位。

电子商务销售额占 GDP 比重排名中游。政府应进一步优化产业结构，鼓励技术创新，推动产业向高、精、尖方向发展，提高社会生活信息化水平。

图 3-10 所示为威海市一级评价指标与上年水平比较情况。

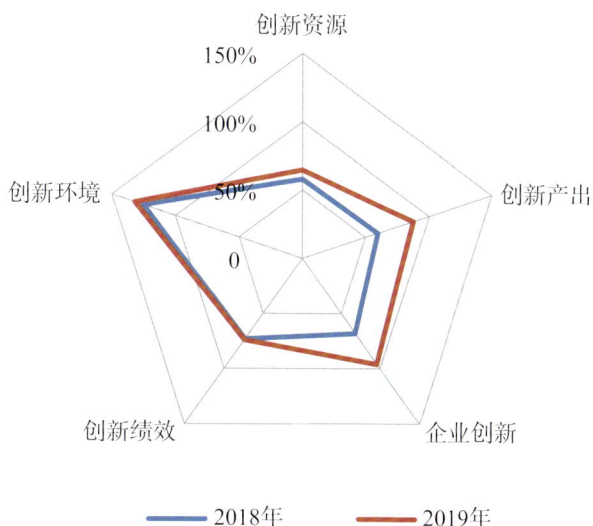

图 3-10　威海市一级评价指标和上年水平比较

（二）创新发展主要指标分析及位次

地区生产总值 2963.73 亿元，居全省第 10 位。全员劳动生产率 17.38 万元 / 人，居全省第 5 位。万元 GDP 综合能耗较上年下降 7.03%，居全省第 4 位。

地区 R&D 人员 13 903 人年，较上年增长 5.81%，居全省第 7 位。每万名就业人员中研发人员数 81.54 人年，较上年增加 9.90 人年，居全省第 3 位。规模以上工业企业 R&D 人员占规模以上工业企业从业人员比重 5.96%，居全省第 7 位。

全社会 R&D 经费支出 66.94 亿元，较上年增长 14.05%；占 GDP 比重为 2.26%，较上年提高 0.65 个百分点，居全省第 9 位。基础研究经费支出占 R&D 经费支出的比重为 0.02%，居全省第 16 位。地方财政科技支出占公共财政支出的比重为 3.71%，较上年提高 0.21 个百分点，居全省第 3 位。规模以上工业企业 R&D 经费支出占主营业务收入比重为 2.35%，较上年提高 0.58 个百分点，居全省第 4 位。

高新技术企业 502 家，比上年增加 109 家，总数居全省第 8 位。每万家企业法人单位中高新技术企业数 74.71 家，居全省第 3 位。规模以上高新技术产业产值占规模以上工业产值比重达到 49.51%，较上年提高 4.39 个百分点，居全省第 4 位。

科技创新载体 247 家，其中省级以上重点实验室 11 家、省级以上技术创新中心 2 家、省级以上科技企业孵化器 28 家、省级以上众创空间 35 家、国际科技合作基地 5 家、省级以上引才引智示范基地 7 家、院士工作站 39 家。

每亿元 GDP 发明专利申请数达到 0.66 件，较上年增加 0.02 件，居全省第 7 位。每万人发明专利拥有量 11.46 件，较上年增加 1.37 件，居全省第 4 位。年登记技术合同成交额 56.92 亿元，较上年增长 35.56%，成交额居全省第 6 位。

规模以上工业企业研发费用加计扣除减免税 6.71 亿元，占企业研发经费的比重达到 10.27%，较上年提高 0.26 个百分点。每万名就业人员累计孵化企业数为 3.77 个，居全省第 3 位。实际使用外资 12.22 亿美元，占 GDP 的比重 2.85%，较上年提高 0.26 个百分点，居全省第 2 位。

表 3-10 所示为威海市各级指标值和位次与上年比较情况。

（三）产业发展情况

产业发展保持平稳，转型升级稳步推进。农业经济稳中趋缓，农林牧渔及服务业增加值增长 1.5%。工业生产稳中有进，全市规模以上工业增加值增长 2.3%。全市服务业增加值增长 6.5%，现代服务业势头良好。

新旧动能转换进程加快。制造业向中高端迈进，制造业增加值增长 2.5%，高于规上工业增加值 0.2 个百分点，其中专用设备制造业，计算机、通信和其他电子设备制造业分别增长 44.6%、7.6%。高技术制造业增加值占全部规模以上工业比重为 43.0%，同比提高 4.4 个百分点。现代服务业势头良好，新兴服务业营业收入同比增长 13.9%。信息传输、软件和信息技术服务业营业收入同比增长 3.4%。

当前，工业发展后劲有待夯实，全市规模以上工业 34 个行业大类中仅有 15 个行业增加值实现增长，全市工业发展缺乏后劲。占比较重的第二产业投资下降 44.0%，投资下行压力大。随着"互联网 +"工程的深入推进，全市网络零售额同传统实体零售额相比贡献量仍然偏低，新兴消费尚未构成规模。

今后，通过加快培育七大千亿级产业集群，加快推动新旧动能转换，全力推动"双招双引"，推动经济向高质量发展转型。实施企业成长计划，建立"小升规"企业培育库，激发实体经济发展活力，拓宽消费领域，助力企业转型升级，提升新型行业对消费品市场的贡献。

表 3-10 威海市各级指标值和位次与上年比较

指标名称	指标值		位次	
	上年	当年	上年	当年
综合科技创新水平指数（%）	74.72	89.47	4	4
创新资源指数（%）	57.82	64.49	5	5
全社会研发（R&D）经费支出占地区生产总值（GDP）的比重（%）	1.61	2.26	14	9
地方财政科技支出占公共财政支出的比重（%）	3.50	3.71	2	3
每万名就业人员中研发人员数（人年）	71.64	81.54	4	3
基础研究经费支出占 R&D 经费支出的比重（%）	0.96	0.02	10	16
创新产出指数（%）	60.06	87.48	5	4
每亿元 GDP 年登记技术合同成交额（万元）	115.31	192.06	8	5
每亿元 GDP 发明专利申请数（件）	0.64	0.66	9	7
每万人发明专利拥有量（件）	10.09	11.46	4	4
企业创新指数（%）	68.04	95.87	7	3
规模以上工业企业 R&D 经费支出占主营业务收入的比重（%）	1.77	2.35	9	4
规模以上工业企业 R&D 人员占规模以上工业企业从业人员比重（%）	4.89	5.96	7	7
每万家企业法人单位中高新技术企业数（家）	72.09	74.71	3	3
有研发机构的规模以上工业企业占规模以上工业企业比重（%）	6.33	12.75	10	3
规模以上工业企业新产品销售收入占主营业务收入比重（%）	16.13	22.15	8	5
创新绩效指数（%）	73.16	73.93	3	4
规模以上高新技术产业产值占规模以上工业产值比重（%）	45.12	49.51	4	4
电子商务销售额占 GDP 比重（%）	7.84	11.62	12	9
全员劳动生产率（万元/人）	19.86	17.38	3	5
万元 GDP 综合能耗较上年降低率（%）	4.40	7.03	6	4
创新环境指数（%）	125.14	131.99	1	2
规模以上工业企业研发费用加计扣除减免税占企业研发经费的比重（%）	10.01	10.27	1	3
每万名就业人员累计孵化企业数（个）	3.30	3.77	3	3
科学研究和技术服务业平均工资比较系数（%）	84.14	89.12	8	9
实际使用外资金额占 GDP 比重（%）	2.58	2.85	2	2
每万人互联网宽带接入用户数（万户）	0.36	0.39	3	4

十一、日照市

（一）科技创新发展情况

2019 年，日照市稳中求进，以创建国家创新型城市为抓手，加快实施创新驱动发展战略，科技创新能力稳步提升，新旧动能转换稳步实施，主要科技指标稳定增长，在研发投入、高新技术企业培育、"双招双引"等方面取得了重大突破。成立山东黄海科技创新研究院、日照（上海）协同创新中心，进一步完善科技创新平台体系。先后出台若干创新扶持政策鼓励科技创新，强化政策保障。日照市综合科技创新水平指数为 59.84%，较上年提高 13.35 个百分点，位次较上年上升 1 位，居全省第 11 位。

创新产出增幅显著。创新产出指数较上年提高 49.03 个百分点，位次上升 6 位。每亿元 GDP 年登记技术合同成交额是上年的 3.46 倍，位次上升 10 位，居全省第 3 位。每万人发明专利拥有量位次上升 1 位。

创新资源呈上升态势。创新资源指数较上年提高 10 个百分点，位次由上年的第 9 位上升至第 7 位。全社会 R&D 经费支出占 GDP 的比重上升 3 个位次，居全省第 2 位，研发投入连年递增，科技支撑持续加强。每万名就业人员中研发人员数位次上升 1 位。地方财政科技支出占公共财政支出的比重提高 0.42 个百分点，但基础研究经费占比偏弱。

创新环境有待进一步优化。创新环境指数较上年提高 13.11 个百分点，居全省第 13 位。科学研究和技术服务业平均工资比较系数较上年下降 63.03 个百分点，位次由上年的第 3 位下滑至第 16 位。规模以上工业企业研发费用加计扣除减免税占企业研发经费的比重全省排名落后。需进一步完善人才激励机制和服务保障体系，积极探索科研人员成果转化效益分配方式，充分调动科研人员创新创业积极性。加强普惠性政策的宣传和落地落实，让更多企业享受到优惠政策带来的红利，提高企业开展研发活动的积极性。

创新绩效居全省末位。规模以上高新技术产业产值占规模以上工业产值比重位列全省末位。万元 GDP 综合能耗虽较上年有所好转，但仍位列全省第 13 位，在产业结构调整、能源利用等方面还需进一步发力。

企业创新能力有待增强。企业创新指数较上年下降 3 个位次。有研发机构的规模以上工业企业占规模以上工业企业比重下滑 7 个位次，由上年的第 3 位下降至第

10 位。工业企业创新能力和水平需要得到加速和提升。

图 3-11 所示为日照市一级评价指标与上年水平比较情况。

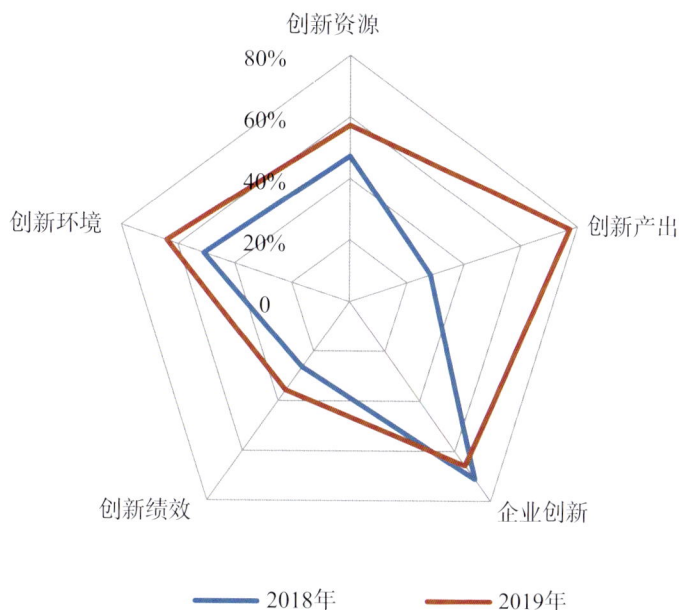

图 3-11　日照市一级评价指标与上年水平比较情况

（二）创新发展主要指标分析及位次

地区生产总值 1949.38 亿元，居全省第 15 位。全员劳动生产率 10.88 万元 / 人，居全省第 7 位。万元 GDP 综合能耗较上年下降 2.57%，居全省第 13 位。

地区 R&D 人员 6500.8 人年，较上年增长 6.00%，居全省第 13 位。每万名就业人员中研发人员数 36.30 人年，较上年提高 3.73 人年，居全省第 9 位。规模以上工业企业 R&D 人员占规模以上工业企业从业人员比重为 7.01%，居全省第 6 位。

全社会 R&D 经费支出 55.15 亿元，比上年增长 14.04%；占 GDP 比重为 2.83%，比上年提高 0.63 个百分点，居全省第 2 位。基础研究经费支出占 R&D 经费支出的比重 0.24%，比上年下降 0.10 个百分点，居全省第 15 位。地方财政科技支出占公共财政支出的比重为 3.42%，比上年上升 0.57 个百分点，位次与上年持平，居全省第 6 位。规模以上工业企业 R&D 经费支出占主营业务收入比重为 1.64%，比上年下降 0.09 个百分点，居全省第 7 位。

高新技术企业 219 家，比上年增加 75 家，总数居全省第 12 位。每万家企业法人单位中高新技术企业数 37.30 家，比上年增加 3.77 家，居全省第 9 位。规模以上高新技术产业产值占规模以上工业产值比重 18.94%，比上年下降 0.25 个百分点，居全省第 16 位。

科技创新载体 149 家，其中省级以上重点实验室 1 家、省级以上科技企业孵化器 9 家、省级以上众创空间 19 家、省级以上引才引智示范基地 7 家、院士工作站 23 家。

每亿元 GDP 发明专利申请数为 0.50 件，较上年增加 0.07 件，居全省第 13 位。每万人发明专利拥有量 3.53 件，较上年增加 0.54 件，居全省第 10 位。年登记技术合同成交额 39.92 亿元，较上年增长 206.61%，成交额居全省第 10 位。

规模以上工业企业研发费用加计扣除减免税 1.85 亿元，占企业研发经费的比重为 3.77%，较上年提高 2.30 个百分点。每万名就业人员累计孵化企业数 2.87 个，居全省第 5 位。实际使用外资 1.87 亿美元，占 GDP 的比重 0.66%，较上年提高 0.02 个百分点，居全省第 8 位。

表 3-11 所示为日照市各级指标值和位次与上年比较情况。

（三）产业发展情况

三次产业稳定增长，农业基础地位稳固，工业生产较快增长，服务业高质量发展后劲充足。第一产业增加值增长 0.3%；第二产业增加值增长 8.7%；第三产业增加值增长 7.2%。三次产业结构调整为 8.6：42.7：48.7。

日照市新旧动能转换成效凸显。十强产业中新一代信息技术、新能源新材料、高端化工产值增长显著。投资结构明显优化，高耗能行业投资持续减弱，节能降耗取得新成效。互联网和相关服务业、商务服务业、软件和信息技术服务业等现代服务业较快增长，实现营业收入分别增长 75.0%、71.6% 和 29.5%。

日照市钢铁行业产值占规模以上工业总产值比重达到半数以上，高新技术产业产值占比低。科研机构数量较少，企业创新主体地位有待提升。

日照市要抢抓胶东经济圈一体化发展机遇，集聚创新资源，完善产业发展链条，有的放矢，精准发力。加快培育高端装备、生物医药、新一代信息技术等产业集群，加大服务业发展扶持力度，加强对创业创新人才科研院所的争引力度，营造有利于人才发挥所能的环境。

表 3-11　日照市各级指标值和位次与上年比较

指标名称	指标值		位次	
	上年	当年	上年	当年
综合科技创新水平指数（%）	46.48	59.84	12	11
创新资源指数（%）	47.32	57.32	9	7
全社会研发（R&D）经费支出占地区生产总值（GDP）的比重（%）	2.20	2.83	5	2
地方财政科技支出占公共财政支出的比重（%）	2.85	3.42	6	6
每万名就业人员中研发人员数（人年）	32.57	36.30	10	9
基础研究经费支出占 R&D 经费支出的比重（%）	0.35	0.24	15	15
创新产出指数（%）	28.32	77.35	12	6
每亿元 GDP 年登记技术合同成交额（万元）	59.12	204.78	13	3
每亿元 GDP 发明专利申请数（件）	0.44	0.50	13	13
每万人发明专利拥有量（件）	2.99	3.53	11	10
企业创新指数（%）	71.23	65.75	6	9
规模以上工业企业 R&D 经费支出占主营业务收入的比重（%）	1.73	1.64	10	7
规模以上工业企业 R&D 人员占规模以上工业企业从业人员比重（%）	7.76	7.01	4	6
每万家企业法人单位中高新技术企业数（家）	33.53	37.30	13	9
有研发机构的规模以上工业企业占规模以上工业企业比重（%）	10.05	9.80	3	10
规模以上工业企业新产品销售收入占主营业务收入比重（%）	9.26	8.88	15	14
创新绩效指数（%）	26.39	35.66	16	16
规模以上高新技术产业产值占规模以上工业产值比重（%）	19.19	18.94	16	16
电子商务销售额占 GDP 比重（%）	6.43	8.35	13	13
全员劳动生产率（万元／人）	11.70	10.88	7	7
万元 GDP 综合能耗较上年降低率（%）	−8.42	2.57	16	13
创新环境指数（%）	50.80	63.90	13	13
规模以上工业企业研发费用加计扣除减免税占企业研发经费的比重（%）	1.48	3.77	15	15
每万名就业人员累计孵化企业数（个）	2.27	2.87	6	5
科学研究和技术服务业平均工资比较系数（%）	124.17	61.14	3	16
实际使用外资金额占 GDP 比重（%）	0.65	0.66	9	8
每万人互联网宽带接入用户数（万户）	0.28	0.30	9	9

十二、临沂市

（一）科技创新发展情况

2019 年，临沂市不断优化科技创新环境，建设科技创新平台载体，拓展科技合作渠道，深化"双招双引"，有效促进了创新资源的集聚整合，科技创新能力进一步提升，有效助推新旧动能转换。鲁南经济圈一体化发展纳入省委省政府重大战略，"临沂生物医药产业集群"入选国家首批战略性新兴产业集群，首批国家物流枢纽获得批准。临沂市综合科技创新水平指数为 43.35%，较上年提高 1.65 个百分点，位次与上年持平，居全省第 15 位。

企业创新能力明显提升。企业创新指数较上年提高 13.85 个百分点，上升 3 个位次，居全省第 12 位。规模以上工业企业 R&D 经费支出占主营业务收入的比重位次较上年上升 5 位，居全省第 8 位。规模以上工业企业新产品销售收入占主营业务收入比重较上年提高 7.93 个百分点，位次上升 3 位。企业科技活动规模和创新能力增效显著。

创新绩效略有下降。创新绩效指数较上年下降 0.04 个百分点，位次下降 1 位，居全省第 12 位。规模以上高新技术产业产值占规模以上工业产值比重位次较上年上升 5 位，居全省第 7 位。全员劳动生产率排名落后。万元 GDP 综合能耗较上年下降幅度收窄，位次由上年的第 3 位下降至第 10 位。需进一步优化产业结构，推动高新技术产业发展，培育壮大节能环保产业，提高劳动者整体素质。

研发投入下降。创新资源指数较上年下降 4.80 个百分点，位次由上年第 13 位下降至第 14 位。全社会 GDP 经费支出占 GDP 的比重较上年下降 7 位，居全省第 13 位。研发人力投入和地方财政科技支出占比均排名落后。应充分发挥政府的调控引导作用，完善地方财政科技投入机制，省、市、县财政三级联动，不断加大政府引导性投入力度，优化资源配置。

创新环境有待优化。创新环境指数较上年下降 4 个百分点，位次由上年的第 9 位下滑至全省末位。规模以上工业企业研发费用加计扣除减免税占企业研发经费的比重位次下降 9 位，由上年的第 5 位下降到第 14 位。需加大科技创新政策的宣传引导力度，点对点精准服务，确保各项惠企政策落实到位。

创新产出成效不容乐观。创新产出指数较上年下降 1.91 个百分点，位次下降 2

位，居全省末位。每亿元 GDP 年登记技术合同成交额、每亿元 GDP 发明专利申请数、每万人发明专利拥有量在全省的位次均呈下降态势。需激发创新主体科技成果转移转化积极性，加强技术转移及知识产权等专业化机构和人才队伍建设，推进专利等科技产出的成效。

图 3-12 所示为临沂市一级评价指标与上年水平比较情况。

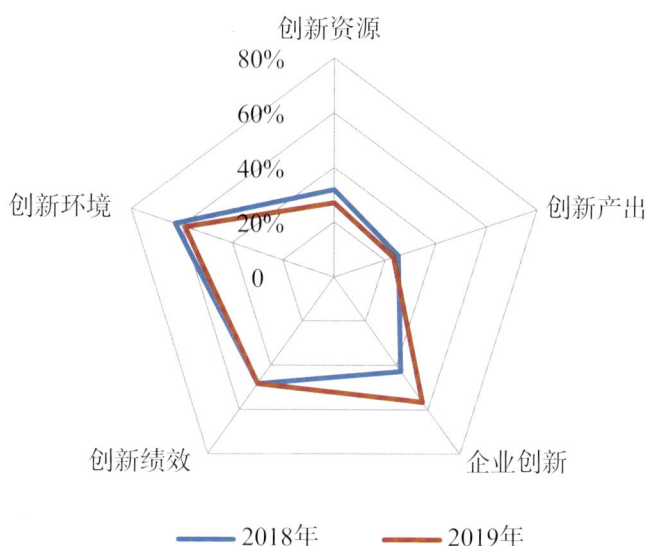

图 3-12　临沂市一级评价指标与上年水平比较情况

（二）创新发展主要指标分析及位次

地区生产总值 4600.25 亿元，居全省第 5 位。全员劳动生产率 7.22 万元 / 人，居全省第 13 位。万元 GDP 综合能耗较上年下降 4.30%，居全省第 10 位。

地区 R&D 人员 11 931.6 人年，较上年减少 26.10%，居全省第 11 位。每万名就业人员中研发人员数 18.73 人年，较上年下降 5.78 人年，居全省第 14 位，与上年位次持平。规模以上工业企业 R&D 人员占规模以上工业企业从业人员比重为 3.86%，居全省第 13 位。

全社会 R&D 经费支出 78.21 亿元，比上年减少 22.28%；占 GDP 比重为 1.70%，比上年下降 0.43 个百分点，居全省第 13 位。基础研究经费支出占 R&D 经费支出的比重 0.64%，比上年下降 0.15 个百分点，居全省第 12 位。地方财政科技支出占公共财政支出的比重为 0.82%，比上年提高 0.14 个百分点，位次与上年持平，居全省第 14 位。规模以上工业企业 R&D 经费支出占主营业务收入比重为 1.51%，比上年提高 0.45 个百分点，居全省第 8 位。

高新技术企业 539 家，比上年增加 170 家，总数居全省第 5 位。每万家企业法人单位中高新技术企业数 35.70 家，比上年减少 4.11 家，居全省第 11 位。规模以上高新技术产业产值占规模以上工业产值比重为 39.95%，比上年提高 9.33 个百分点，居全省第 7 位。

科技创新载体 223 家，其中省级以上重点实验室 11 家、省级以上科技企业孵化器 18 家、省级以上众创空间 24 家、国际科技合作基地 5 家、省级以上引才引智示范基地 13 家、院士工作站 21 家。

每亿元 GDP 发明专利申请数为 0.47 件，居全省第 15 位。每万人发明专利拥有量 3.01 件，较上年增加 0.18 件，居全省第 15 位。年登记技术合同成交额 19.75 亿元，较上年减少 15.38%，成交额居全省第 15 位。

规模以上工业企业研发费用加计扣除减免税 2.70 亿元，占企业研发经费的比重为 3.91%，较上年下降 0.91 个百分点。每万名就业人员累计孵化企业数为 1.17 个，居全省第 11 位。实际使用外资 3.87 亿美元，占 GDP 的比重 0.58%，较上年提高 0.26 个百分点，居全省第 11 位。

表 3-12 所示为临沂市各级指标值和位次与上年比较情况。

（三）产业发展情况

2019 年，临沂市产业结构持续优化，三次产业比例调整为 8.9∶37.9∶53.2，服务业增加值占比提高 2 个百分点。

新动能加速成长，"四新"经济增加值占比提高 4 个百分点，落后产能加快出清，高耗能行业投资得到遏制，临港精品钢基地一期落地开工，发展后劲增强。

当前临沂经济发展仍处在深度调整期、瓶颈突破期、动能转换胶着期，传统产业"量大势弱"与新兴产业"势强力弱"并存。新旧动能转换"空笼期"转型压力仍将持续，一些结构性问题、历史积累问题解决仍需付出巨大努力。

随着 5G、云计算、大数据、人工智能、区块链等技术在制造业的深度融合，临沂市传统产业将焕发新的生机活力。临港 1400 万吨精品钢产业集群纳入全省产业基地规划，工程机械、精品旅游、商贸物流、木业产业、生物医药集群将迎来新的发展机遇。

表 3-12　临沂市各级指标值和位次与上年比较

指标名称	指标值		位次	
	上年	当年	上年	当年
综合科技创新水平指数（%）	41.71	43.35	15	15
创新资源指数（%）	31.85	27.04	13	14
全社会研发（R&D）经费支出占地区生产总值（GDP）的比重（%）	2.13	1.70	6	13
地方财政科技支出占公共财政支出的比重（%）	0.68	0.82	14	14
每万名就业人员中研发人员数（人年）	24.51	18.73	14	14
基础研究经费支出占 R&D 经费支出的比重（%）	0.79	0.64	13	12
创新产出指数（%）	25.28	23.37	14	16
每亿元 GDP 年登记技术合同成交额（万元）	49.47	42.93	14	16
每亿元 GDP 发明专利申请数（件）	0.47	0.47	11	15
每万人发明专利拥有量（件）	2.83	3.01	13	15
企业创新指数（%）	42.61	56.46	15	12
规模以上工业企业 R&D 经费支出占主营业务收入的比重（%）	1.06	1.51	13	8
规模以上工业企业 R&D 人员占规模以上工业企业从业人员比重（%）	3.73	3.86	14	13
每万家企业法人单位中高新技术企业数（家）	39.81	35.70	9	11
有研发机构的规模以上工业企业占规模以上工业企业比重（%）	6.08	4.73	11	16
规模以上工业企业新产品销售收入占主营业务收入比重（%）	9.44	17.37	13	10
创新绩效指数（%）	48.32	48.28	11	12
规模以上高新技术产业产值占规模以上工业产值比重（%）	30.62	39.95	12	7
电子商务销售额占 GDP 比重（%）	7.99	8.51	11	12
全员劳动生产率（万元/人）	7.16	7.22	15	13
万元 GDP 综合能耗较上年降低率（%）	5.43	4.30	3	10
创新环境指数（%）	62.77	58.77	9	16
规模以上工业企业研发费用加计扣除减免税占企业研发经费的比重（%）	4.82	3.91	5	14
每万名就业人员累计孵化企业数（个）	1.14	1.17	9	11
科学研究和技术服务业平均工资比较系数（%）	79.30	80.29	10	11
实际使用外资金额占 GDP 比重（%）	0.32	0.58	13	11
每万人互联网宽带接入用户数（万户）	0.24	0.26	14	13

十三、德州市

（一）科技创新发展情况

2019 年，德州市以科技金融产业融合创新为支撑，以推动传统产业转型升级为着力点，积极推进科技创新发展和科技体制改革任务的落实，坚持"腾笼换鸟、凤凰涅槃"，加快淘汰落后动能，改造提升传统动能，培育壮大新动能。德州市综合科技创新水平指数为 62.21%，较上年提高 15.08 个百分点，居全省第 8 位，位次较上年上升 3 位。

企业创新能力明显增强。企业创新指数 93.52%，较上年提高 34.10 个百分点，位次上升 6 位。规模以上工业企业 R&D 人员占规模以上工业企业从业人员比重位次上升 8 位。有研发机构的规模以上工业企业占规模以上工业企业比重、规模以上工业企业新产品销售收入占主营业务收入比重位次均较上年上升 7 位。

创新绩效水平显著提高。创新绩效指数 54.05%，较上年提高 7.43 个百分点，位次提升 4 位。电子商务销售额占 GDP 比重较上年提高 6.12 个百分点，位次上升 4 位。全员劳动生产率位次较上年上升 3 位。万元 GDP 综合能耗较上年降低率位次上升 2 位。

创新产出有所增加。创新产出指数 39.15%，较上年提高 18.46 个百分点，居全省第 13 位。每亿元 GDP 年登记技术合同成交额是上年的 2.47 倍，位次上升 2 位。每万人发明专利拥有量位次上升 1 位。

创新资源水平有所改善。创新资源指数 49.04%，较上年提高 0.60 个百分点。全社会 R&D 经费支出占 GDP 的比重较上年提高 0.51 个百分点，排名跃居全省第 5 位。每万名就业人员中研发人员数较上年略有增加。

创新环境有待优化。创新环境指数 63.97%，较上年提高 8.06 个百分点，居全省第 12 位。规模以上工业企业研发费用加计扣除减免税占企业研发经费的比重较上年下降 4 位，需加强政策落实和跟踪服务，全面落实各项促进企业技术创新的税收支持政策。实际使用外资金额占 GDP 比重位次较上年下降 4 位，应多措并举做好"稳外资"工作。

图 3-13 所示为德州市一级评价指标与上年水平比较情况。

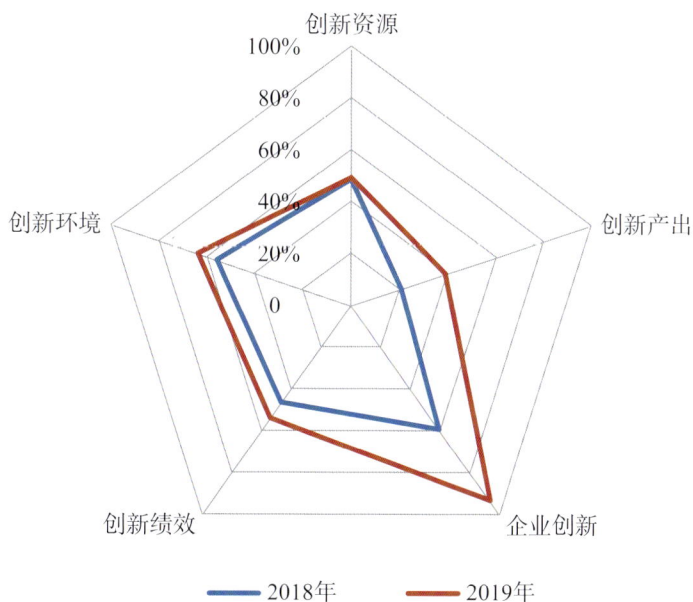

图 3-13　德州市一级评价指标与上年水平比较

（二）创新发展主要指标分析及位次

地区生产总值 3022.27 亿元，居全省第 9 位。全员劳动生产率 8.86 万元 / 人，居全省第 10 位。万元 GDP 综合能耗较上年下降 5.54%，居全省第 7 位。

地区 R&D 人员 11 940.5 人年，比上年增长 1.86%，居全省第 10 位。每万名就业人员中研发人员数 34.99 人年，较上年增加 2.56 人年，居全省第 11 位。规模以上工业企业 R&D 人员占规模以上工业企业从业人员比重 7.50%，居全省第 4 位。

全社会 R&D 经费支出 75.19 亿元，较上年增长 12.65%；占 GDP 比重为 2.49%，比上年提高 0.51 个百分点，居全省第 5 位。R&D 经费中基础研究经费占比为 0.34%，居全省第 14 位。地方财政科技支出占公共财政支出的比重为 2.63%，较上年下降 0.69 个百分点，降至全省第 9 位。规模以上工业企业 R&D 经费支出占主营业务收入比重为 2.67%，比上年提高 0.57 个百分点，跃居全省第 2 位。

高新技术企业 245 家，比上年增加 50 家，总数居全省第 11 位。每万家企业法人单位中高新技术企业数 35.79 家，居全省第 10 位。规模以上高新技术产业产值占规模以上工业产值的比重为 38.48%，比上年提高 0.38 个百分点，居全省第 8 位。

科技创新载体 208 家，其中省级以上重点实验室 7 家、省级以上科技企业孵化器 20 家、省级以上众创空间 27 家、国际科技合作基地 3 家、省级以上引才引智示范基地 7 家、院士工作站 5 家、省级农科驿站 90 家。

每亿元 GDP 发明专利申请数 0.47 件，较上年增加 0.04 件，居全省第 14 位。每万人发明专利拥有量 3.05 件，较上年增加 0.26 件，居全省第 14 位。年登记技术合同成交额 27.54 亿元，较上年增长 120.50%，成交额居全省第 12 位。

规模以上工业企业研发费用加计扣除减免税 3.03 亿元，占企业研发经费的比重达到 4.27%，比上年提高 0.22 个百分点。每万名就业人员累计孵化企业数为 1.47 个，居全省第 9 位。实际使用外资 1.60 亿美元，占 GDP 的比重 0.37%，比上年下降 0.04 个百分点，居全省第 15 位。

表 3-13 所示为德州市各级指标值和位次与上年比较情况。

（三）产业发展情况

三次产业平稳增长。农林牧渔业增加值 354.4 亿元，农业生产总体稳定。规模以上工业增加值增长 4.8%，工业平稳运行，服务业保持良好势头。

工业结构调整步伐加快。装备制造业增加值比上年增长 10.9%，高于规模以上工业增速 6.1 个百分点，其中，仪器仪表、专用设备、通用设备等装备制造业增加值分别增长 27.5%、30.4% 和 20.2%，分别高于规模以上工业增加值 22.7、25.6 和 15.4 个百分点。

当前，德州市新旧动能接续不够紧密，重大项目少、投入不足，创新平台数量少，创新能力不强，中高端人才引进难、留住难。

今后，坚持把提升工业作为优先选项，加快传统工业企业转型升级步伐，进一步促进食品加工、纺织服装、化工、装备制造等传统行业向高端化、精细化发展。加快培育高端装备、生物医药、新一代信息技术等有竞争优势的战略新兴产业集群，加快推进新旧动能转换。

表 3-13　德州市各级指标值和位次与上年比较

指标名称	指标值		位次	
	上年	当年	上年	当年
综合科技创新水平指数（%）	47.13	62.21	11	8
创新资源指数（%）	48.43	49.04	7	10
全社会研发（R&D）经费支出占地区生产总值（GDP）的比重（%）	1.97	2.49	10	5
地方财政科技支出占公共财政支出的比重（%）	3.32	2.63	3	9
每万名就业人员中研发人员数（人年）	32.43	34.99	11	11
基础研究经费支出占 R&D 经费支出的比重（%）	0.34	0.34	16	14
创新产出指数（%）	20.69	39.15	16	13
每亿元 GDP 年登记技术合同成交额（万元）	36.95	91.12	15	13
每亿元 GDP 发明专利申请数（件）	0.43	0.47	14	14
每万人发明专利拥有量（件）	2.79	3.05	15	14
企业创新指数（%）	59.42	93.52	10	4
规模以上工业企业 R&D 经费支出占主营业务收入的比重（%）	2.10	2.67	4	2
规模以上工业企业 R&D 人员占规模以上工业企业从业人员比重（%）	3.92	7.50	12	4
每万家企业法人单位中高新技术企业数（家）	37.60	35.79	11	10
有研发机构的规模以上工业企业占规模以上工业企业比重（%）	5.58	10.07	15	8
规模以上工业企业新产品销售收入占主营业务收入比重（%）	14.61	25.25	9	2
创新绩效指数（%）	46.62	54.05	13	9
规模以上高新技术产业产值占规模以上工业产值比重（%）	38.10	38.48	6	8
电子商务销售额占 GDP 比重（%）	4.53	10.65	14	10
全员劳动生产率（万元/人）	9.35	8.86	13	10
万元 GDP 综合能耗较上年降低率（%）	3.60	5.54	9	7
创新环境指数（%）	55.91	63.97	10	12
规模以上工业企业研发费用加计扣除减免税占企业研发经费的比重（%）	4.05	4.27	9	13
每万名就业人员累计孵化企业数（个）	1.10	1.47	10	9
科学研究和技术服务业平均工资比较系数（%）	62.44	97.60	15	5
实际使用外资金额占 GDP 比重（%）	0.41	0.37	11	11
每万人互联网宽带接入用户数（万户）	0.25	0.27	12	11

十四、聊城市

（一）科技创新发展情况

2019 年，聊城市始终坚持深化科技体制改革，不断激发创新创业活力，大力实施"新时代兴聊十大工程"，坚定不移加快新旧动能转换。聊城市综合科技创新水平指数为 47.85%，较上年下降 0.97 个百分点，居全省第 14 位，位次较上年下降 4 位。

创新环境有所改善。创新环境指数 63.04%，较上年提高 27.93 个百分点，位次上升 2 位。规模以上工业企业研发费用加计扣除减免税占企业研发经费的比重较上年提高 3.63 个百分点，位次上升 5 位。科学研究和技术服务业平均工资比较系数连续两年居全省第 6 位。

创新产出保持稳定。创新产出指数 65.72%，较上年提高 16.33 个百分点，位次与上年持平，居全省第 9 位。每亿元 GDP 发明专利申请数较上年增加 0.16 件，位次上升 3 位。每万人发明专利拥有量位次上升 1 位。

创新资源劣势明显。创新资源指数 26.67%，较上年下降 2.52 个百分点，位次下降 1 位。基础研究经费支出占 R&D 经费支出的比重较上年下降 0.59 个百分点，位次下降 2 位。地方财政科技支出占公共财政支出的比重和每万名就业人员中研发人员数均列全省第 15 位。应进一步加大财政科技投入和人才引进力度，引导企业和社会增加研发投入，加强人才政策支持和服务保障措施，推动以科技创新为核心引领和带动全面创新。

企业创新能力下降较大。企业创新指数 51.70%，较上年下降 13.75 个百分点，位次下降 7 位。规模以上工业企业新产品销售收入占主营业务收入比重较上年下降 14.89 个百分点，位次由上年的第 1 位降至第 11 位，下降 10 个位次。规模以上工业企业 R&D 经费支出占主营业务收入的比重较上年下降 0.54 个百分点，位次下降 5 位。规模以上工业企业 R&D 人员占规模以上工业企业从业人员比重较上年下降 0.09 个百分点，位次下降 2 位。应加大引导力度，强化企业在创新中的主体地位。

创新绩效水平亟待提高。创新绩效指数 35.77%，较上年下降 21.47 个百分点，位次下降 8 位。万元 GDP 综合能耗较上年降低率位次下降 14 位，排名跌至末位。全员劳动生产率排名全省末位。需加快产业转型升级步伐，持续推进产业结构调整。

图 3-14 所示为聊城市一级评价指标与上年水平比较情况。

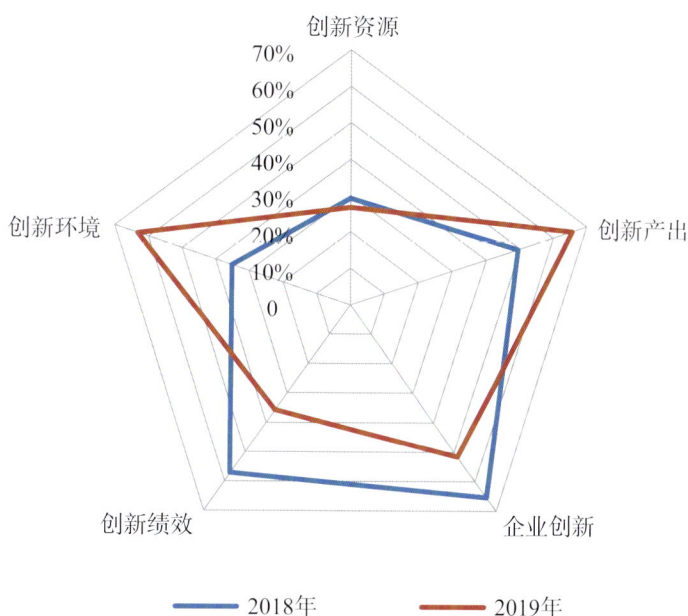

图 3-14　聊城市一级评价指标与上年水平比较

（二）创新发展主要指标分析及位次

地区生产总值 2259.82 亿元，居全省第 14 位。全员劳动生产率 6.28 万元 / 人，居全省第 16 位。万元 GDP 综合能耗较上年上升 8.48%，居全省第 16 位。

地区 R&D 人员 5851.7 人年，比上年减少 31.16%，居全省第 14 位。每万名就业人员中研发人员数 16.25 人年，较上年下降 6.29 人年，居全省第 15 位。规模以上工业企业 R&D 人员占规模以上工业企业从业人员比重 4.33%，居全省第 11 位。

全社会 R&D 经费支出 42.20 亿元，较上年减少 28.58%，占 GDP 比重为 1.87%，居全省第 11 位。R&D 经费中基础研究经费占比为 0.97%，居全省第 8 位。地方财政科技支出占公共财政支出的比重为 0.48%，较上年提高 0.13 个百分点，居全省第 15 位。规模以上工业企业 R&D 经费支出占主营业务收入比重为 1.23%，比上年下降 0.54 个百分点，居全省第 13 位。

高新技术企业 202 家，比上年增加 44 家，总数居全省第 13 位。每万家企业法人单位中高新技术企业数 27.64 家，居全省第 14 位。规模以上高新技术产业产值占规模以上工业产值比重为 32.24%，比上年提高 0.55 个百分点，居全省第 12 位。

科技创新载体 102 家，其中省级以上重点实验室 6 家、省级以上科技企业孵化器 4 家、省级以上众创空间 15 家、院士工作站 13 家。

每亿元 GDP 发明专利申请数达到 0.62 件，较上年增加 0.16 件，居全省第 9 位。每万人发明专利拥有量 3.06 件，较上年增长 0.24 件，居全省第 13 位。年登记技术合同成交额 37.94 亿元，较上年减少 2.77%，成交额居全省第 11 位。

规模以上工业企业研发费用加计扣除减免税 1.96 亿元，占企业研发经费的比重达到 4.87%，比上年提高 3.63 个百分点。每万名就业人员累计孵化企业数为 0.42 个，居全省第 16 位。实际使用外资 0.73 亿美元，占 GDP 的比重 0.22%，比上年提高 0.06 个百分点，居全省第 16 位。

表 3-14 所示为聊城市各级指标值和位次与上年比较情况。

（三）产业发展情况

三产结构进一步优化。现代农业扩量提质，工业经济企稳向好，服务业比重首次过半。

新动能加快成长。"5+4"产业集群加速成长，新材料、高端装备制造、有色金属及金属深加工产业集群利润分别比上年增长 11.9%、23.5% 和 29.6%。高技术制造业增加值占规模以上工业增加值比重为 7.4%，比上年提高 0.2 个百分点。智能制造加快成长，计算机、通信和其他电子设备制造业增加值增长 0.9%。

当前，全市经济以传统产业为主导，产品、产业结构不优，高精尖产业链较少。新动能发展规模偏小，拉动力不足。科技创新能力有待提高，创新体系不够健全。

今后，全力推进传统产业转型升级，做强做大龙头企业，做长做强产业链条，优化综合配套服务，强化创新驱动。深化政产学研合作，支持企业加大研发投入，建设高水平研发机构，集聚高层次创新人才。加大科技兴企招引力度，推动产业升级发展。

表 3-14　聊城市各级指标值和位次与上年比较

指标名称	指标值		位次	
	上年	当年	上年	当年
综合科技创新水平指数（%）	48.81	47.85	10	14
创新资源指数（%）	29.19	26.67	14	15
全社会研发（R&D）经费支出占地区生产总值（GDP）的比重（%）	1.87	1.87	12	11
地方财政科技支出占公共财政支出的比重（%）	0.35	0.48	16	15
每万名就业人员中研发人员数（人年）	22.54	16.25	15	15
基础研究经费支出占 R&D 经费支出的比重（%）	1.56	0.97	6	8
创新产出指数（%）	49.39	65.72	9	9
每亿元 GDP 年登记技术合同成交额（万元）	123.79	167.89	5	6
每亿元 GDP 发明专利申请数（件）	0.46	0.62	12	9
每万人发明专利拥有量（件）	2.82	3.06	14	13
企业创新指数（%）	65.45	51.70	8	15
规模以上工业企业 R&D 经费支出占主营业务收入的比重（%）	1.77	1.23	8	13
规模以上工业企业 R&D 人员占规模以上工业企业从业人员比重（%）	4.41	4.33	9	11
每万家企业法人单位中高新技术企业数（家）	32.08	27.64	14	14
有研发机构的规模以上工业企业占规模以上工业企业比重（%）	2.84	5.37	16	15
规模以上工业企业新产品销售收入占主营业务收入比重（%）	30.77	15.88	1	11
创新绩效指数（%）	57.24	35.77	7	15
规模以上高新技术产业产值占规模以上工业产值比重（%）	31.69	32.24	11	12
电子商务销售额占 GDP 比重（%）	8.55	13.07	10	7
全员劳动生产率（万元／人）	8.36	6.28	14	16
万元 GDP 综合能耗较上年降低率（%）	11.22	−8.48	2	16
创新环境指数（%）	35.11	63.04	16	14
规模以上工业企业研发费用加计扣除减免税占企业研发经费的比重（%）	1.24	4.87	16	11
每万名就业人员累计孵化企业数（个）	0.35	0.42	15	16
科学研究和技术服务业平均工资比较系数（%）	98.40	96.84	6	6
实际使用外资金额占 GDP 比重（%）	0.16	0.22	16	16
每万人互联网宽带接入用户数（万户）	0.24	0.26	15	15

十五、滨州市

（一）科技创新发展情况

2019 年，滨州市按照"科创之城、实业之城、未来之城"定位，创新型城市建设迈出坚实步伐。通过实施高新技术企业倍增计划，出台《关于加快创建国家创新型城市支撑经济高质量发展的意见》等一系列文件，打造"政产学研金服用"全要素创新生态，加快形成合力推进创新总体格局。滨州市综合科技创新水平指数为61.25%，较上年提高 14.89 个百分点，位次由上年的第 13 位上升至第 9 位。

创新绩效水平明显提升。创新绩效指数为 65.87%，较上年提高 24.49 个百分点，上升 7 个位次，居全省第 7 位。其中万元 GDP 综合能耗较上年降低率跃居全省第 1 位。规模以上高新技术产业产值占规模以上工业产值比重略有提高。电子商务销售额占 GDP 比重较上年降低 3.82 个百分点，但位次与上年持平，居全省第 5 位。

创新资源集聚能力增强。创新资源指数为 61.53%，较上年提高 9.67 个百分点，仍居全省第 6 位。全社会 R&D 经费支出占 GDP 的比重位次由上年第 8 位上升至第 3 位。每万名就业人员中研发人员数较上年提高 9.52 人年，提高幅度居全省第 2 位。但基础研究经费支出占 R&D 经费支出的比重出现下滑，较上年下降 0.26 个百分点。应通过政策杠杆，引导企业实质性加强原始性创新研究，充分发挥基础研究对科技创新的源头供给和引领作用。

创新产出成效需进一步提升。创新产出指数为 33.11%，较上年提高 8.66 个百分点，上升 1 个位次，居全省第 14 位，排名落后。每亿元 GDP 年登记技术合同成交额居全省第 15 位。每亿元 GDP 发明专利申请数较上年上升 2 位，居全省第 8 位。每万人发明专利拥有量居全省第 8 位。应引起政府管理部门重视，加快科技成果转化，提高科技产出效率。

企业创新能力有待进一步提升。企业创新指数为 52.20%，较上年提高 7.04 个百分点，居全省第 14 位。有研发机构的规模以上工业企业占规模以上工业企业比重较上年提升 4.68 个百分点，上升 3 个位次，跃居全省第 4 位。规模以上工业企业 R&D 经费支出占主营业务收入的比重较上年提高 0.24 个百分点，居全省第 14 位。每万家企业法人单位中高新技术企业数全省排名落后。规模以上工业企业新产品销售收入占主营业务收入比重下降，位次降至第 13 位。应加快培育高新技术企业，鼓励企业开展创新活动，提高企业创新能力。

创新环境需进一步优化。创新环境指数达 101.46%，较上年提高 29.19 个百分点，下降 2 个位次，居全省第 7 位。科学研究和技术服务业平均工资比较系数较上年下降 19.06 个百分点，位次由上年的第 5 位下降至第 10 位。每万名就业人员累计孵化企业数全省排名靠后。应重视高水平研发人员的培育及引进，提高其工资、福利待遇，提高其参与研发活动的积极性和主动性，营造创新创业和开展研发活动的良好氛围。

图 3-15 所示为滨州市一级评价指标与上年水平比较情况。

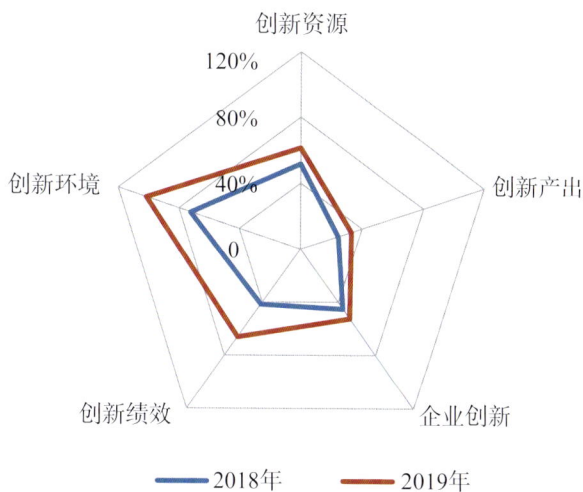

图 3-15　滨州市一级评价指标与上年水平比较

（二）创新发展主要指标分析及位次

地区生产总值 2457.19 亿元，居全省第 13 位。全员劳动生产率 10.59 万元 / 人，居全省第 8 位。万元 GDP 综合能耗较上年降低 9.25%，居全省第 1 位。

地区 R&D 人员 12 282.9 人年，比上年增长 13.46%，居全省第 9 位。每万名就业人员中研发人员数 52.94 人年，较上年提高 9.52 人年，居全省第 6 位。规模以上工业企业 R&D 人员占规模以上工业企业从业人员比重为 5.05%，比上年提高 0.33 个百分点，居全省第 9 位。

全社会 R&D 经费支出 63.69 亿元，比上年增长 17.37%；占 GDP 比重为 2.59%，比上年提高 0.54 个百分点，跃居全省第 3 位。基础研究经费支出占 R&D 经费支出的比重为 0.90%，比上年下降 0.26 个百分点，居全省第 9 位。地方财政科技支出占公共财政支出的比重为 3.46%，比上年提高 0.51 个百分点，居全省第 5 位。规模以上工业企业 R&D 经费支出占主营业务收入比重为 0.88%，比上年提高 0.24 个百分点，居全省第 14 位。

高新技术企业 167 家，比上年增加 43 家，总数居全省第 16 位。每万家企业法人单位中高新技术企业数 24.50 家，比上年减少 1.45 家，居全省第 15 位。规模以上高新技术产业产值占规模以上工业产值比重 31%，比上年提高 1.29 个百分点，居全省第 14 位。

科技创新载体 103 家，其中省级以上重点实验室 5 家、省级以上技术创新中心 1 家、省级以上科技企业孵化器 3 家、省级以上众创空间 12 家、国际科技合作基地 1 家、省级以上引才引智示范基地 5 家、院士工作站 11 家。

每亿元 GDP 发明专利申请数为 0.65 件，较上年增加 0.04 件，居全省第 8 位。每万人发明专利拥有量 4.89 件，较上年增加 0.47 件，居全省第 8 位。年登记技术合同成交额 14.27 亿元，较上年增长 53.94%，成交额居全省第 16 位。

规模以上工业企业研发费用加计扣除减免税 5.37 亿元，占企业研发经费的比重达到 8.95%，较上年提高 3.89 个百分点。每万名就业人员累计孵化企业数 0.92 个，居全省第 12 位。实际使用外资 2.17 亿美元，占 GDP 比重 0.61%，居全省第 9 位。

表 3-15 所示为滨州市各级指标值和位次与上年比较情况。

（三）产业发展情况

三次产业结构持续优化。农村经济保持增长，工业企业经济效益企稳回升，消费市场平稳运行。三次产业结构调整为 9.37：42.37：48.26。服务业经济增速 5.7% 继续领跑，对经济增长的贡献能力大幅提升。

创新驱动明显增强。渤海先进技术研究院、魏桥国科研究院超常规加快建设，邹平铝谷产业应用技术研究院成立运营。创新型产业集群培育形成梯队，高端铝产业、生态纺织产业、高端化工产业实现重大技术突破。规模以上工业企业实现利润 182.1 亿元，增长 1.5%。

当前，传统高耗能行业仍占主导地位，初级工业品占比偏高，多数处于产业链的上游，低价值链中低端，附加值低、科技含量少。

今后，滨州市应抢抓山东省打造"渤海科创中心"重大机遇，凸显渤海科创城核心承载区地位，积极推进科教融合发展，加强自主创新。实现一二三产业融合高效发展，推进产业链向高附加值行业延伸，积极培育新的经济增长点。围绕"5+5"产业、"四新"产业，主动对接京津冀协同发展和长江经济带发展，引进一批建链、延链、补链、强链项目。

表 3-15　滨州市各级指标值和位次与上年比较

指标名称	指标值		位次	
	上年	当年	上年	当年
综合科技创新水平指数（%）	46.35	61.25	13	9
创新资源指数（%）	51.86	61.53	6	6
全社会研发（R&D）经费支出占地区生产总值（GDP）的比重（%）	2.06	2.59	8	3
地方财政科技支出占公共财政支出的比重（%）	2.95	3.46	4	5
每万名就业人员中研发人员数（人年）	43.43	52.94	7	6
基础研究经费支出占 R&D 经费支出的比重（%）	1.16	0.90	8	9
创新产出指数（%）	24.44	33.11	15	14
每亿元 GDP 年登记技术合同成交额（万元）	35.11	58.07	16	15
每亿元 GDP 发明专利申请数（件）	0.61	0.65	10	8
每万人发明专利拥有量（件）	4.42	4.89	8	8
企业创新指数（%）	45.16	52.20	14	14
规模以上工业企业 R&D 经费支出占主营业务收入的比重（%）	0.64	0.88	15	14
规模以上工业企业 R&D 人员占规模以上工业企业从业人员比重（%）	4.73	5.05	8	9
每万家企业法人单位中高新技术企业数（家）	25.96	24.50	15	15
有研发机构的规模以上工业企业占规模以上工业企业比重（%）	7.43	12.11	7	4
规模以上工业企业新产品销售收入占主营业务收入比重（%）	13.91	9.02	11	13
创新绩效指数（%）	41.38	65.87	14	7
规模以上高新技术产业产值占规模以上工业产值比重（%）	29.71	31.00	14	14
电子商务销售额占 GDP 比重（%）	20.53	16.72	5	5
全员劳动生产率（万元/人）	10.59	10.59	9	8
万元 GDP 综合能耗较上年降低率（%）	4.91	9.25	4	1
创新环境指数（%）	72.27	101.46	5	7
规模以上工业企业研发费用加计扣除减免税占企业研发经费的比重（%）	5.06	8.95	4	5
每万名就业人员累计孵化企业数（个）	0.61	0.92	13	12
科学研究和技术服务业平均工资比较系数（%）	100.09	81.03	5	10
实际使用外资金额占 GDP 比重（%）	0.51	0.61	10	9
每万人互联网宽带接入用户数（万户）	0.36	0.38	4	5

十六、菏泽市

（一）科技创新发展情况

2019 年，菏泽市抢抓"突破菏泽、鲁西崛起"发展机遇，实施高新技术企业和科技型中小微企业"双倍增"行动，自主创新能力显著增强。聚焦构建新旧动能转换七大主导产业体系和"231"特色产业体系，实施重大关键技术攻关，输变电设备创新型产业集群获批省创新型产业集群，菏泽生物医药大健康创新型产业集群列入国家第三批创新型产业集群试点。菏泽市综合科技创新水平指数为 38.93%，较上年提高 7.96 个百分点，居全省末位。

创新绩效水平有所提高。创新绩效指数 64.33%，比上年提高 25.39 个百分点，位次由上年第 15 位跃居第 8 位。规模以上高新技术产业产值占规模以上工业产值比重比上年提高 4.61 个百分点。万元 GDP 综合能耗较上年下降幅度高于上年 5.16 个百分点，位次由上年第 8 位跃居第 2 位，产业结构转型升级成效显现。

创新环境得到改善。创新环境指数比上年提高 10.81 个百分点，位次保持不变，居全省第 11 位。每万名就业人员累计孵化企业数位次提升 1 位，居全省第 15 位。科学研究和技术服务业平均工资比较系数比上年提高 2.16 个百分点，位次提升 2 位，居全省第 14 位。

企业创新能力需进一步提升。企业创新指数比上年提高 4.67 个百分点，居全省第 16 位。规模以上工业企业 R&D 人员占规模以上工业企业从业人员比重、规模以上工业企业 R&D 经费支出占主营业务收入的比重、规模以上工业企业新产品销售收入占主营业务收入比重均居全省末位。有研发机构的规模以上工业企业占规模以上工业企业比重比上年下降 0.46 个百分点，位次下降 2 位，居全省 14 位。需进一步增强企业创新主体地位，提高企业创新能力。

创新产出提升缓慢。创新产出指数较上年提高 2.55 个百分点，位次下降 2 位，居全省第 15 位。每亿元 GDP 年登记技术合同成交额比上年提高 7.69 万元，但位次下降 2 位，居全省 14 位。每亿元 GDP 发明专利申请数、每万人发明专利拥有量与上年相比变化不大，均居全省末位。需进一步完善科技成果转化相关配套政策，提高知识产权转化运用和服务能力，全面提升创新产出的数量和质量。

创新资源严重不足。创新资源指数比上年下降 2.59 个百分点，居全省末位。全社会 R&D 经费支出占 GDP 的比重、地方财政科技支出占公共财政支出的比重、每万名就业人员中研发人员数均呈下降趋势，分别较上年下降 0.11、0.07、1.68 个百分点，三个指标均居全省末位。政府应加大研发投入力度，拓宽投融资渠道，积极引进高层次人才。

图 3-16 所示为菏泽市一级评价指标与上年水平比较情况。

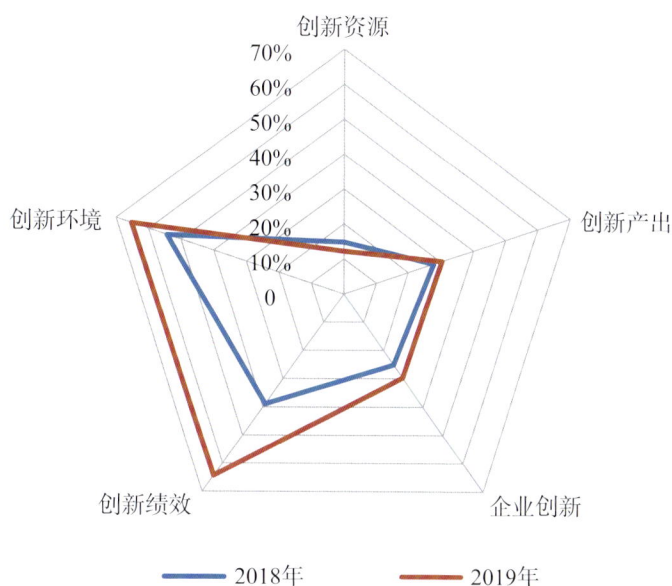

图 3-16　菏泽市一级评价指标与上年水平比较

（二）创新发展主要指标分析及位次

地区生产总值 3409.98 亿元，居全省第 8 位。全员劳动生产率 6.69 万元 / 人，居全省第 15 位。万元 GDP 综合能耗较上年下降 9.07%，居全省第 2 位。

地区 R&D 人员 4121.1 人年，比上年减少 17.14%，居全省第 16 位。每万名就业人员中研发人员数 8.09 人年，较上年下降 1.68 人年，居全省第 16 位。规模以上工业企业 R&D 人员占规模以上工业企业从业人员比重为 2.90%，居全省第 16 位。

全社会 R&D 经费支出 23.70 亿元，比上年减少 4.71%；占 GDP 比重为 0.70%，比上年下降 0.11 个百分点，居全省第 16 位。R&D 经费中基础研究经费占比为 0.70%，居全省第 11 位。地方财政科技支出占公共财政支出的比重为 0.29%，比上年下降 0.07 个百分点，居全省第 16 位。规模以上工业企业 R&D 经费支出占主营业务收入比重为 0.60%，比上年下降 0.01 个百分点，居全省第 16 位。

高新技术企业 171 家，比上年增加 52 家，总数居全省第 14 位。每万家企业法人单位中高新技术企业数 24.02 家，比上年增加 1.14 家，居全省第 16 位。规模以上高新技术产业产值占规模以上工业产值的比重达 37.23%，比上年提高 4.61 个百分点，居全省第 10 位。电子商务销售额占 GDP 比重为 16.07%，较上年降低 0.07 个百分点，居全省第 6 位。

科技创新载体 120 家，其中省级以上重点实验室 1 家、省级以上技术创新中心 1 家、省级以上科技企业孵化器 12 家、省级以上众创空间 21 家、省级以上引才引智示范基地 3 家、院士工作站 8 家。

每亿元 GDP 发明专利申请数 0.29 件，较上年减少 0.01 件，居全省第 16 位。每万人发明专利拥有量 1.36 件，较上年增加 0.04 件，居全省第 16 位。年登记技术合同成交额 26.50 亿元，较上年增长 22.91%，成交额居全省第 13 位。

规模以上工业企业研发费用加计扣除减免税 1.30 亿元，占企业研发经费的比重达到 5.64%，比上年提高 0.92 个百分点。实际使用外资 1.94 亿美元，占 GDP 的比重为 0.39%，位次与上年持平，居全省第 14 位。

表 3-16 所示为菏泽市各级指标值和位次与上年比较情况。

（三）产业发展情况

三次产业协调发展，产业结构进一步优化。农业经济增长明显，工业经济运行平稳，服务业实现较快增长。三次产业结构调整为 9.5∶42.6∶47.9，三产占比超过二产 5.3 个百分点，产业结构更趋合理。

高新技术产业迅速发展，坚持重点项目、重点企业、重点产业并举，带动全市高新技术产业更好更快发展，已初步形成新医药、新能源、新型化工、新材料、高端制造、牡丹高科技等多个高新技术特色产业。

当前，经济增长动能有所下降，经济保持平稳增长存在较大压力，创新能力不足、实体经济发展受困等问题仍较为突出。

今后，坚持把重点产业作为经济发展的主引擎，加快生物医药和高端化工两大核心产业发展，提升农副产品深加工、机电设备制造、商贸物流三个优势产业，培育新能源新材料、新一代信息技术、现代服务业等新兴产业集群。以优质高效、绿色生态农业为主导，充分发挥牡丹、山药、芦笋等特色产品优势，加快现代农业发展。

表 3-16 菏泽市各级指标值和位次与上年比较

指标名称	指标值		位次	
	上年	当年	上年	当年
综合科技创新水平指数（%）	30.97	38.93	16	16
创新资源指数（%）	14.79	12.20	16	16
全社会研发（R&D）经费支出占地区生产总值（GDP）的比重（%）	0.81	0.70	16	16
地方财政科技支出占公共财政支出的比重（%）	0.36	0.29	15	16
每万名就业人员中研发人员数（人年）	9.76	8.09	16	16
基础研究经费支出占 R&D 经费支出的比重（%）	0.93	0.70	11	11
创新产出指数（%）	27.84	30.39	13	15
每亿元 GDP 年登记技术合同成交额（万元）	70.03	77.71	12	14
每亿元 GDP 发明专利申请数（件）	0.30	0.29	16	16
每万人发明专利拥有量（件）	1.32	1.36	16	16
企业创新指数（%）	25.04	29.72	16	16
规模以上工业企业 R&D 经费支出占主营业务收入的比重（%）	0.61	0.60	16	16
规模以上工业企业 R&D 人员占规模以上工业企业从业人员比重（%）	1.95	2.90	16	16
每万家企业法人单位中高新技术企业数（家）	22.88	24.02	16	16
有研发机构的规模以上工业企业占规模以上工业企业比重（%）	5.98	5.52	12	14
规模以上工业企业新产品销售收入占主营业务收入比重（%）	2.82	3.16	16	16
创新绩效指数（%）	38.94	64.33	15	8
规模以上高新技术产业产值占规模以上工业产值比重（%）	32.62	37.23	10	10
电子商务销售额占 GDP 比重（%）	16.14	16.07	7	6
全员劳动生产率（万元/人）	6.05	6.69	16	15
万元 GDP 综合能耗较上年降低率（%）	3.91	9.07	8	2
创新环境指数（%）	54.39	65.20	11	11
规模以上工业企业研发费用加计扣除减免税占企业研发经费的比重（%）	4.72	5.64	6	10
每万名就业人员累计孵化企业数（个）	0.00	0.54	16	15
科学研究和技术服务业平均工资比较系数（%）	61.31	63.47	16	14
实际使用外资金额占 GDP 比重（%）	0.39	0.39	12	14
每万人互联网宽带接入用户数（万户）	0.20	0.24	16	16

附　录

一、区域科技创新能力评价指标体系

一级指标	序号	二级指标	数据来源
创新资源	1	全社会研发（R&D）经费支出占地区生产总值（GDP）的比重（%）	山东统计年鉴
	2	地方财政科技支出占公共财政支出的比重（%）	山东统计年鉴
	3	每万人拥有的受大专及以上教育程度人口数（人）	山东省统计局
	4	每万名就业人员中研发人员数（人年）	山东统计年鉴
	5	基础研究经费支出占 R&D 经费支出的比重（%）	山东统计年鉴
创新产出	6	每万元科学研究经费（基础研究经费与应用研究经费之和）的国外主要检索工具收录科技论文数量（篇）	中国科技统计年鉴 山东统计年鉴
	7	每亿元 GDP 年登记技术合同成交额（万元）	山东统计年鉴 山东省科技厅
	8	每亿元 GDP 发明专利申请数（件）	山东统计年鉴 山东省市场监管局
	9	每万人发明专利拥有量（件）	山东省市场监管局
企业创新	10	规模以上工业企业 R&D 经费支出占主营业务收入的比重（%）	山东省统计局
	11	规模以上工业企业 R&D 人员占规模以上工业企业从业人员比重（%）	山东省统计局
	12	每万家企业法人单位中高新技术企业数（家）	山东省统计普查中心 山东省科技厅
	13	有研发机构的规模以上工业企业占规模以上工业企业比重（%）	山东科技统计年鉴
	14	规模以上工业企业新产品销售收入占主营业务收入比重（%）	山东省统计局

一级指标	序号	二级指标	数据来源
创新绩效	15	规模以上高新技术产业产值占规模以上工业产值比重（%）	山东省科技厅
	16	知识密集型服务业增加值占 GDP 比重（%）	山东统计年鉴
	17	电子商务销售额占 GDP 比重（%）	山东统计年鉴
	18	全员劳动生产率（万元/人）	山东统计年鉴
	19	万元 GDP 综合能耗较上年降低率（%）	山东统计年鉴
创新环境	20	规模以上工业企业研发费用加计扣除减免税占企业研发经费的比重（%）	山东科技统计年鉴
	21	每万名就业人员累计孵化企业数（个）	中国火炬统计年鉴 山东统计年鉴
	22	科学研究和技术服务业平均工资比较系数（%）	中国统计年鉴 山东统计年鉴
	23	实际使用外资金额占 GDP 比重（%）	山东统计年鉴
	24	每万人互联网宽带接入用户数（万户）	山东统计年鉴

二、指标解释

1. 全社会研发（R&D）经费支出占地区生产总值（GDP）的比重

该指标是国际上通用的衡量一个国家或地区科技投入强度和科技发展水平的评价指标。其中，全社会 R&D 经费支出是指调查单位在报告年度内用于内部开展 R&D 活动的实际支出。GDP 是指按市场价格计算的一个国家（或地区）所有常住单位在一定时期内生产活动的最终成果。

计算公式：（全社会 R&D 经费支出/GDP）×100%。

2. 地方财政科技支出占公共财政支出的比重

该指标是衡量地方政府财政科技投入力度的重要指标。其中，地方财政科技支出是指地方用于科学技术方面的公共财政支出，包括科学技术管理事务、基础研究、应用研究、技术研究与开发、科技条件与服务、社会科学、科学技术普及、科技交流与合作等。

公共财政支出是指地方财政将筹集起来的资金进行分配使用，以满足经济建设和各项事业的需要。

计算公式：（地方财政科技支出 / 公共财政支出）×100%。

3. 每万人拥有的受大专及以上教育程度人口数

该指标是反映科技人力资源状况的重要指标，每万人拥有的受大专及以上教育程度人口数是大专以上学历人数和人口数之比，该指标数据增加可以体现该地区科技人力资源的流入和增加，反之，则体现了科技人力资源的流出和减少。

计算公式：（拥有的受大专及以上教育程度的人口数 / 总人口数）×10000。

4. 每万名就业人员中研发人员数

该指标是反映科技人力资源和研发活动人力投入强度的重要指标。其中，研发人员指调查单位内部从事基础研究、应用研究和试验发展 3 类活动的全时人员加非全时人员按工作量折算为全时人员数的总和。就业人员指在 16 周岁及以上，从事一定社会劳动并取得劳动报酬或经营收入的人员。

计算公式：（研发人员数 / 就业人员数）×10000。

5. 基础研究经费支出占 R&D 经费支出的比重

该指标是反映对基础研究重视程度的指标，其中，基础研究指为了获得关于现象和可观察事实的基本原理的新知识（揭示客观事物的本质、运动规律，获得新发现、新学说）而进行的实验性或理论性研究，它不以任何专门或特定的应用或使用为目的，其成果以科学论文和科学著作为主要形式，用来反映知识的原始创新能力。

计算公式：（基础研究经费支出 /R&D 经费支出）×100%。

6. 每万元科学研究经费（基础研究经费与应用研究经费之和）的国外主要检索工具收录科技论文数量

该指标是反映科技论文产出效率的指标，指国际科技论文数量与科学研究经费之比。其中，国外主要检索工具收录科技论文数量指由 SCI、EI、CPCI-S 收录的科技论文数。

计算公式：（国外主要检索工具收录科技论文数量 / 科学研究经费）×10000。

7. 每亿元 GDP 年登记技术合同成交额

该指标是反映科技成果转化的重要指标，指年登记技术合同成交额与 GDP 之比。登记技术合同成交额是指报告期内在全国技术合同网上登记系统登记的技术合同（技术开发、技术转让、技术咨询、技术服务）成交项目的总金额。

计算公式：（年登记技术合同成交额 /GDP）× 10000。

8. 每亿元 GDP 发明专利申请数

该指标是反映自主知识产权和自主创新的指标，指每生产亿元 GDP，当年发明专利申请数。

计算公式：（发明专利申请数 /GDP）× 100000000。

9. 每万人发明专利拥有量

该指标反映相对于人口规模发明专利的存量水平。其中，发明专利拥有量是指调查单位作为专利权人在报告年度拥有的、经国内外知识产权行政部门授权且在有效期内的发明专利件数。常住人口包括：居住在本乡镇街道且户口在本乡镇街道或户口待定的人；居住在本乡镇街道且离开户口登记地所在的乡镇街道半年以上的人；户口在本乡镇街道且外出不满半年或在境外工作学习的人。

计算公式：（发明专利拥有量 / 常住人口数）× 10000。

10. 规模以上工业企业 R&D 经费支出占主营业务收入的比重

该指标是衡量规模以上工业企业创新能力和创新投入水平的重要指标。其中，规模以上工业企业是指年主营业务收入在 2000 万元以上的工业企业。规模以上工业企业研发经费是指规模以上工业企业在报告年度内用于内部开展研发活动的实际支出。主营业务收入是指企业确认的销售商品、提供劳务等主营业务的收入。

计算公式：（规模以上工业企业 R&D 经费支出 / 主营业务收入）× 100%。

11. 规模以上工业企业 R&D 人员占规模以上工业企业从业人员比重

该指标是衡量企业科技活动人力投入水平的主要指标，指规模以上工业企业 R&D 人员数与规模以上工业企业从业人员数之比。

计算公式：（规模以上工业企业 R&D 人员数 / 规模以上工业企业从业人员数）× 100%。

12. 每万家企业法人单位中高新技术企业数

该指标是衡量地方创业水平的指标。高新技术企业是指按照《高新技术企业认定管理办法》获得认定的，在《国家重点支持的高新技术领域》内，持续进行研究开发与技术成果转化，形成企业核心自主知识产权，并以此为基础开展经营活动，在中国境内（不包括港、澳、台地区）注册的居民企业。

计算公式：（高新技术企业数 / 企业法人单位数）× 10000。

13. 有研发机构的规模以上工业企业占规模以上工业企业比重

该指标是反映工业企业整体创新水平的指标。其中，研发机构是指在区内设立的独立或非独立的具有自主研发能力的技术创新组织载体。

计算公式：（有研发机构的规模以上工业企业数 / 规模以上工业企业数）×100%。

14. 规模以上工业企业新产品销售收入占主营业务收入比重

该指标是衡量规模以上工业企业创新产出的重要指标之一。其中，新产品销售收入反映工业企业新产品销售的规模。新产品指的是采用新技术原理、新设计构思研制生产的全新产品，或在结构、材质、工艺等某一方面比原有产品有明显改进，从而显著提高了产品性能或扩大了使用功能的产品。

计算公式：（规模以上工业企业新产品销售收入 / 规模以上工业主营业务收入）×100%。

15. 规模以上高新技术产业产值占规模以上工业产值比重

该指标是衡量高新技术产业产出水平的重要指标，反映科技创新对产业结构的优化程度。其中，规模以上高新技术产业产值是指属于山东省高新技术产业统计范围的行业的规模以上企业产值。规模以上工业产值是指以货币形式表现的，规模以上工业企业在一定时期内生产的工业最终产品或提供工业性劳务活动的总价值量，它反映一定时间内规模以上工业生产的总规模和总水平。

计算公式：（规模以上高新技术产业产值 / 规模以上工业产值）×100%。

16. 知识密集型服务业增加值占 GDP 比重

该指标反映一个地区的知识密集型服务业发展水平，测度一个地区经济产出中的知识含量大小和产业结构升级水平。知识密集型服务业包括：①信息传输、软件和信息技术服务业；②金融业；③租赁和商务服务业；④科学研究和技术服务业。

计算公式：（知识密集型服务业增加值 /GDP）×100%。

17. 电子商务销售额占 GDP 比重

该指标是衡量电子商务发展水平的重要指标之一。电子商务的价值在于让消费者在网上购物、网上支付，节省了客户与企业的时间和空间，大大提高了交易效率，节省了大量宝贵时间，体现出社会生活信息化水平的快速提升。

计算公式：（电子商务销售额 /GDP）×100%。

18. 全员劳动生产率

该指标反映全社会的劳动效率，指根据产品的价值量指标计算的平均每一个从业人员在单位时间内的产品生产量。

计算公式：（GDP/ 就业人员数）/10000。

19. 万元 GDP 综合能耗较上年降低率

该指标是反映能源消费水平和节能降耗状况的主要指标，是指在一定区域内，国民经济各行业和居民家庭在一定时间消费的各种能源总和与上一年相比的下降幅度。

计算公式：（1- 本年万元 GDP 综合能耗 / 上年万元 GDP 综合能耗）×100%。

20. 规模以上工业企业研发费用加计扣除减免税占企业研发经费的比重

该指标是反映政府对企业科技活动重视程度的指标。规模以上工业企业研发费用加计扣除减免税是指规模以上工业企业按有关政策和税法规定税前加计扣除的研发活动费用所产生的所得税减免额。企业研发经费是指规模以上工业企业在报告年度内用于内部开展研发活动的实际支出。

计算公式：（规模以上工业企业研发费用加计扣除减免税 / 企业研发经费）×100%。

21. 每万名就业人员累计孵化企业数

科技企业孵化器是以促进科技成果转化、培养高新技术企业和企业家为宗旨的科技创业服务载体，其累计孵化企业数是科技创新环境的重要体现。

计算公式：（科技企业孵化器累计毕业企业数 / 就业人员数）×10000。

22. 科学研究和技术服务业平均工资比较系数

科学研究和技术服务业工资水平反映了政府及社会对从事科学研究和技术服务工作的劳动者劳动报酬的认可程度。但由于各地区消费水平差异较大，因此，这一指标还需要用地区科学研究与技术服务业工资水平与全国（全省）该行业工资水平的比例进行修正。

计算公式：（地区科学研究和技术服务业平均工资 / 地区全社会平均工资）×［地区科学研究和技术服务业平均工资 / 全国（全省）科学研究和技术服务业平均工资］×100%。

23. 实际使用外资金额占 GDP 比重

该指标反映外资的利用水平，是体现营商环境优化的一个重要指标。实际使用外资金额是指批准的合同外资的实际执行数，外国投资者根据批准外商投资企业的合同（章程）的规定实际缴付的出资额和企业投资总额内外国投资者以自己的境外自有资金实际直接向企业提供的贷款。

计算公式：（实际使用外资金额 /GDP）×100%。

24. 每万人互联网宽带接入用户数

该指标是衡量一个地区信息化发达程度的指标，指互联网宽带接入用户数与总人口数之比。

计算公式：互联网宽带接入用户数 / 总人口数。

三、评价方法

采用指数法对各级指标进行综合，各级评价值均可称为"指数"。评价步骤如下。

（1）将各二级指标除以相应的评价标准，得到二级指标的评价值，即为二级指标相应的指数，计算方法为：

$$y_{ij} = \frac{x_{ij}}{x_j} \times 100\%$$

其中，x_{ij} 为第 i 个一级指标下、第 j 个二级指标；x_j 为第 j 个二级指标相应的标准值。

（2）一级指标评价值（一级指数）$y_{i.}$ 由二级指标评价值加权综合而成，即

$$y_{i.} = \sum_{j=1}^{n_i} w_{ij} y_{ij}$$

其中，w_{ij} 为各二级指标评价值相应的权重；n_i 为第 i 个一级指标下设的二级指标的个数。

（3）总评价值（总指数）由一级指标加权综合而成，即

$$y = \sum_{i=1}^{n} w_{i.} y_{i.}$$

其中，$w_{i.}$ 为各一级指标评价值相应的权重；n 为一级指标个数。

四、报告图解

《山东省区域科技创新能力评价报告 2020》共设置 5 个一级指标。

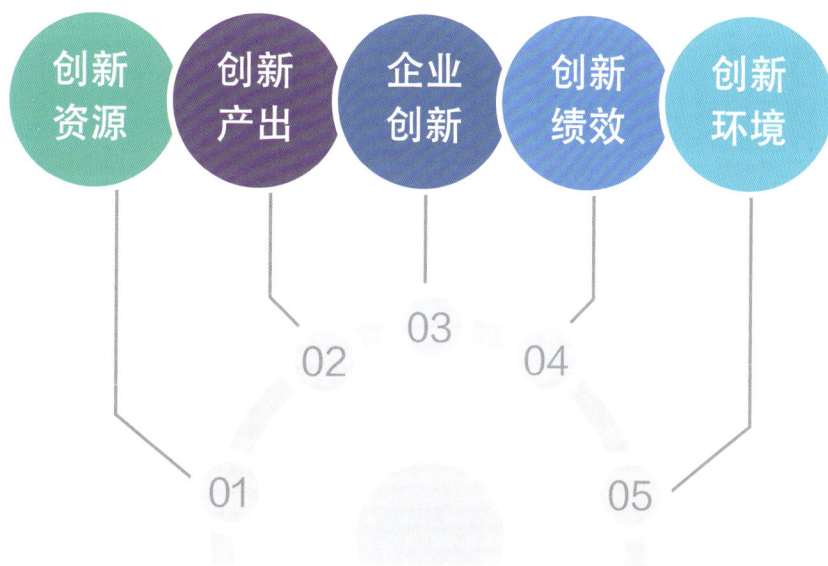

创新资源　创新产出　企业创新　创新绩效　创新环境

02　　03　　04

01　　　　　05

同时选取 24 个二级指标组成指标体系，对全省及十六市科技创新能力进行分析评价。

一、全省科技创新水平持续提升

二、区域创新协调发展向好

三、区域科技创新亮点频现

四、创新型城市高质量发展势头良好

五、济南、青岛、烟台"三核"引领作用增强

六、三大经济圈创新驱动发展成效显著

一、全省科技创新水平持续提升

全省综合科技创新水平指数达 159.70%，较上年**提高**
15.82个百分点。

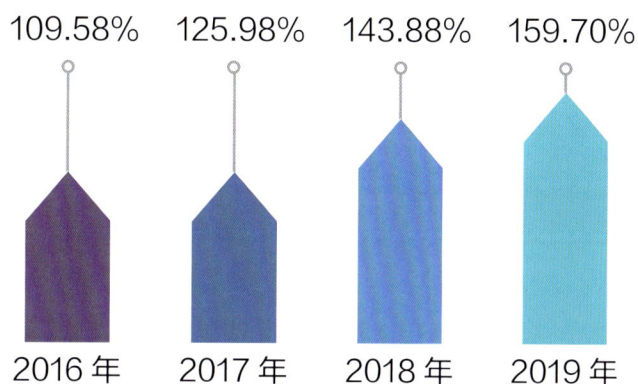

109.58%	125.98%	143.88%	159.70%
2016 年	2017 年	2018 年	2019 年

各一级指标指数

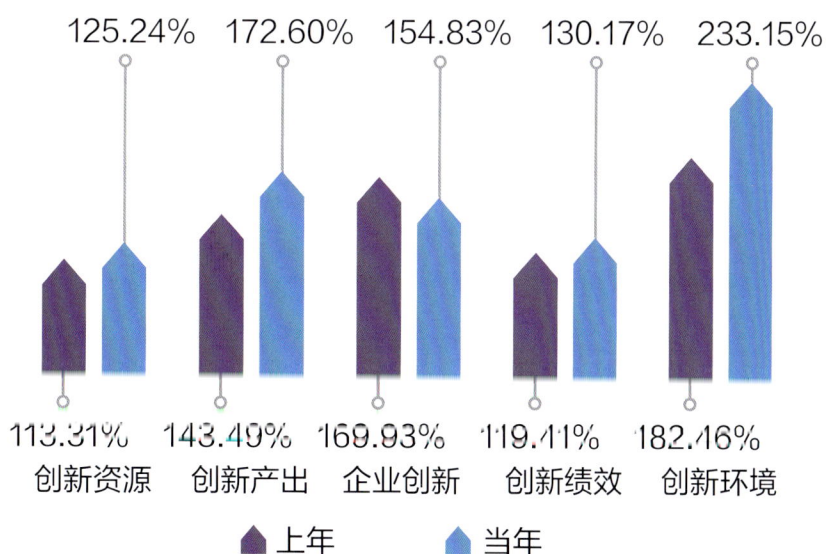

125.24%	172.60%	154.83%	130.17%	233.15%
113.31%	143.49%	169.93%	119.41%	182.46%
创新资源	创新产出	企业创新	创新绩效	创新环境

■ 上年　　■ 当年

二、区域创新协调发展向好

　　济南、青岛、淄博、威海、东营、烟台综合科技创新水平指数居**全省前6位**，其中**济南、青岛**呈**并驾齐驱**之势。全省最高与最低指数差距较上年明显减小，十六市之间创新能力差异系数较上年缩小，区域创新发展不平衡局面有所缓和。

按综合科技创新水平指数高低共分4类

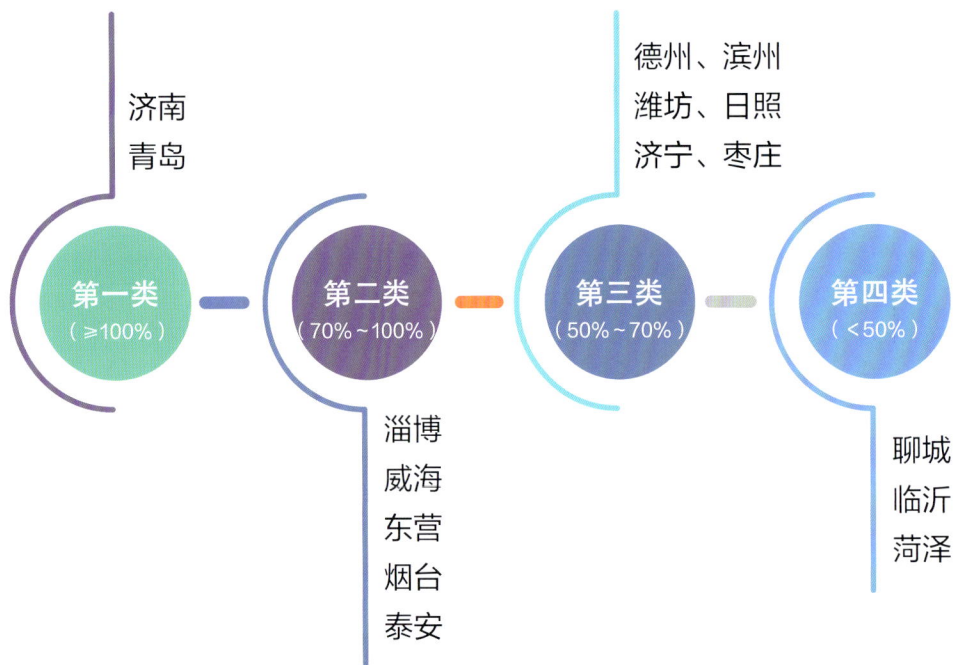

济南
青岛

德州、滨州
潍坊、日照
济宁、枣庄

第一类	第二类	第三类	第四类
（≥100%）	（70%～100%）	（50%～70%）	（＜50%）

淄博
威海
东营
烟台
泰安

聊城
临沂
菏泽

%

济南	105.15
青岛	104.07
淄博	92.77
威海	89.47
东营	81.15
烟台	80.24
泰安	74.05
德州	62.21
滨州	61.25
潍坊	60.79
日照	59.84
济宁	55.08
枣庄	54.02
聊城	47.85
临沂	43.35
菏泽	38.93

东营、淄博、德州、滨州、威海、烟台综合科技创新水平增幅居**全省前 6 位**。

个百分点

东营	23.17
淄博	16.84
德州	15.08
滨州	14.89
威海	14.75
烟台	13.94
泰安	13.87
日照	13.35
枣庄	10.01
菏泽	7.96
济宁	5.55
潍坊	2.03
临沂	1.65
青岛	0.45
聊城	−0.97
济南	−7.18

三、区域科技创新亮点频现

01 从创新资源指数来看

青岛、东营、济南、淄博、威海、滨州居全省前6位

东营
第10位 → 第2位

日照
第9位 → 第7位

泰安
第11位 → 第9位

枣庄
第15位 → 第13位

02 从创新产出指数来看

济南、淄博、青岛、威海、东营、日照居全省前6位

日照
第12位 → 第6位

德州
第16位 → 第13位

03 从企业创新指数来看

青岛、泰安、威海、德州、济南、淄博居全省前6位

德 州
第10位 → 第4位

威 海
第7位 → 第3位

临 沂
第15位 → 第12位

枣 庄
第9位 → 第7位

济 宁
第12位 → 第10位

04 从创新绩效指数来看

青岛、东营、济南、威海、烟台、淄博居全省前6位

滨 州
第14位 → 第7位

菏 泽
第15位 → 第8位

烟 台
第9位 → 第5位

德 州
第13位 → 第9位

东 营
第5位 → 第2位

05　从创新环境指数来看

烟台、威海、济南、青岛、淄博、泰安居全省**前6位**

烟 台
第7位　↗ 第**1**位

泰 安
第12位　↗ 第**6**位

济 宁
第14位　↗ 第**8**位

淄 博
第8位　↗ 第**5**位

聊 城
第16位　↗ 第**14**位

四、创新型城市高质量发展势头良好

截至目前,全省被列入国家创新型城市建设的有 **6** 个:济南、青岛、烟台、潍坊、东营、济宁。

上年
58.47%

当年
59.45%

六市研发经费支出占全省比重

上年
59.67%

当年
61.16%

六市研发人员全时当量占全省比重

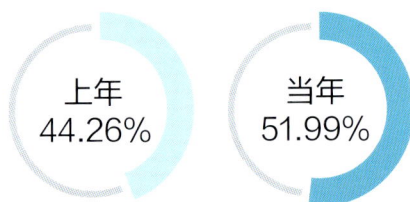

上年
44.26%

当年
51.99%

六市有研发机构的规上工业企业数占全省比重

上年
63.13%

当年
65.49%

六市年登记技术合同成交额占全省比重

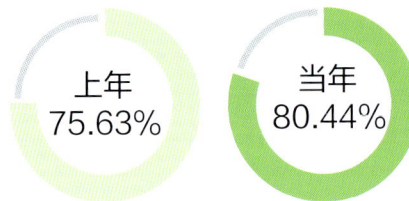

上年
75.63%

当年
80.44%

六市发明专利授权量占全省比重

淄博、威海、日照三市争创国家创新型城市势头良好，三市综合科技创新水平指数较上年**提高幅度均在 10% 以上**。

淄博

全社会研发经费支出占GDP比重和有研发机构的规模以上工业企业占比均居全省**第1位**。

威海

每万名就业人员中研发人员数、规模以上工业企业R&D经费支出占主营业务收入的比重、有研发机构的规模以上工业企业占比等提高幅度均居全省**第1位**。

日照

每万名就业人员累计孵化企业数提高幅度、全社会研发经费支出占GDP的比重均居全省**第2位**。

五、济南、青岛、烟台"三核"引领作用增强

01 人才集聚效应增强

三市研发人员全时当量占全省研发人员全时当量比重由上年的44.67%上升至46.70%。

上年
44.67%

当年
46.70%

02 经费投入强度提升

三市研发经费支出占全省研发经费支出的比重由上年的41.25%上升至43.27%。

上年
41.25%

当年
43.27%

03 创新产出成效显著

　　三市发明专利申请量占全省发明专利申请量的比重由上年的54.88%上升至60.83%。

上年
54.88%

当年
60.83%

04 高企数量创新高

　　三市高新技术企业数占全省高新技术企业数的比重由上年的59.40%上升至60.11%。

上年
59.40%

当年
60.11%

六、三大经济圈创新驱动发展成效显著

01

省会经济圈七市中，**济南、淄博、东营、泰安、德州、滨州**占据全省综合科技创新水平指数前十的

6个席位。

省会经济圈

02

东营、淄博、德州、滨州综合科技创新水平指数较上年提高幅度列全省 **前4位**。

03

滨州综合科技创新水平指数上升位次最多，

由上年的第13位上升至 **第9位**；

其次是**东营、德州**，综合科技创新水平指数位次均较上年

上升3位，**东营**由上年的第8位上升至 **第5位**；

德州由上年的第11位上升至 **第8位**。

01 创新产出指数前 8 位中，胶东经济圈五市均包含在内。

胶东经济圈

02

青 岛 ｜ 第 1 位
创新资源、企业创新、创新绩效

日 照 ｜ 第 1 位
创新产出提高幅度

烟 台 ｜ 第 1 位
创新环境提高幅度

威 海 ｜ 第 2 位
企业创新提高幅度

03

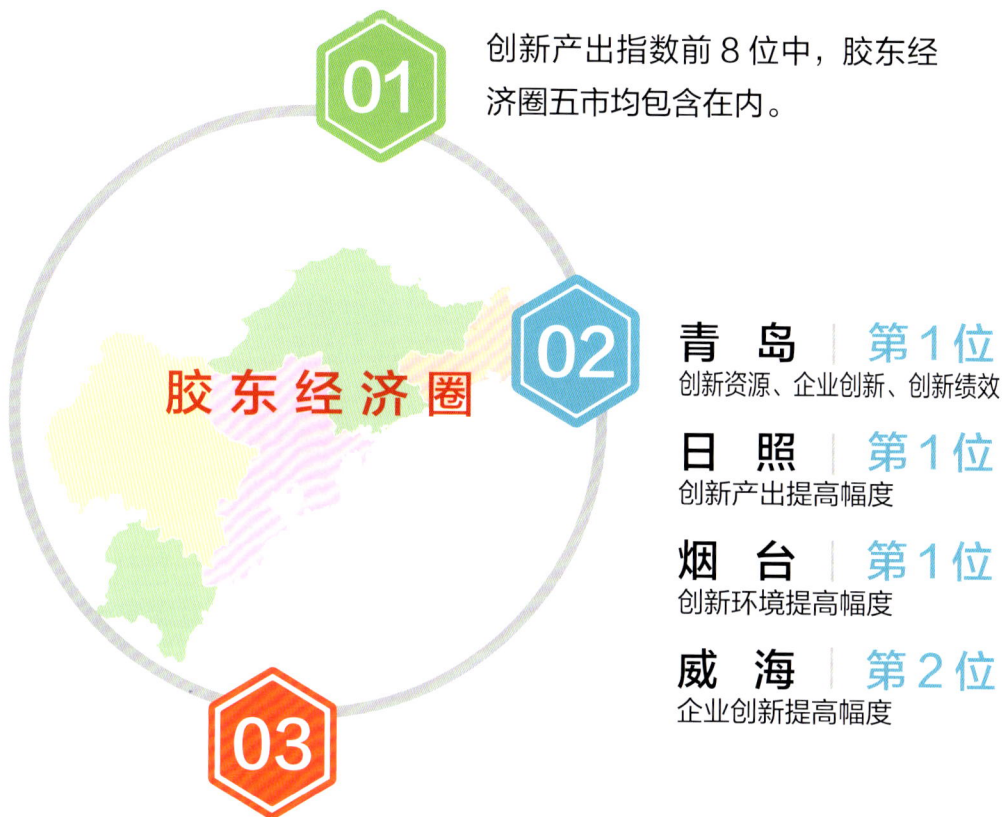

五市实际使用外资金额占全省比重达 **67.34%**；
高新技术企业数量占全省比重达 **53.92%**；
规上工业企业新产品销售收入占全省比重达 **43.95%**。

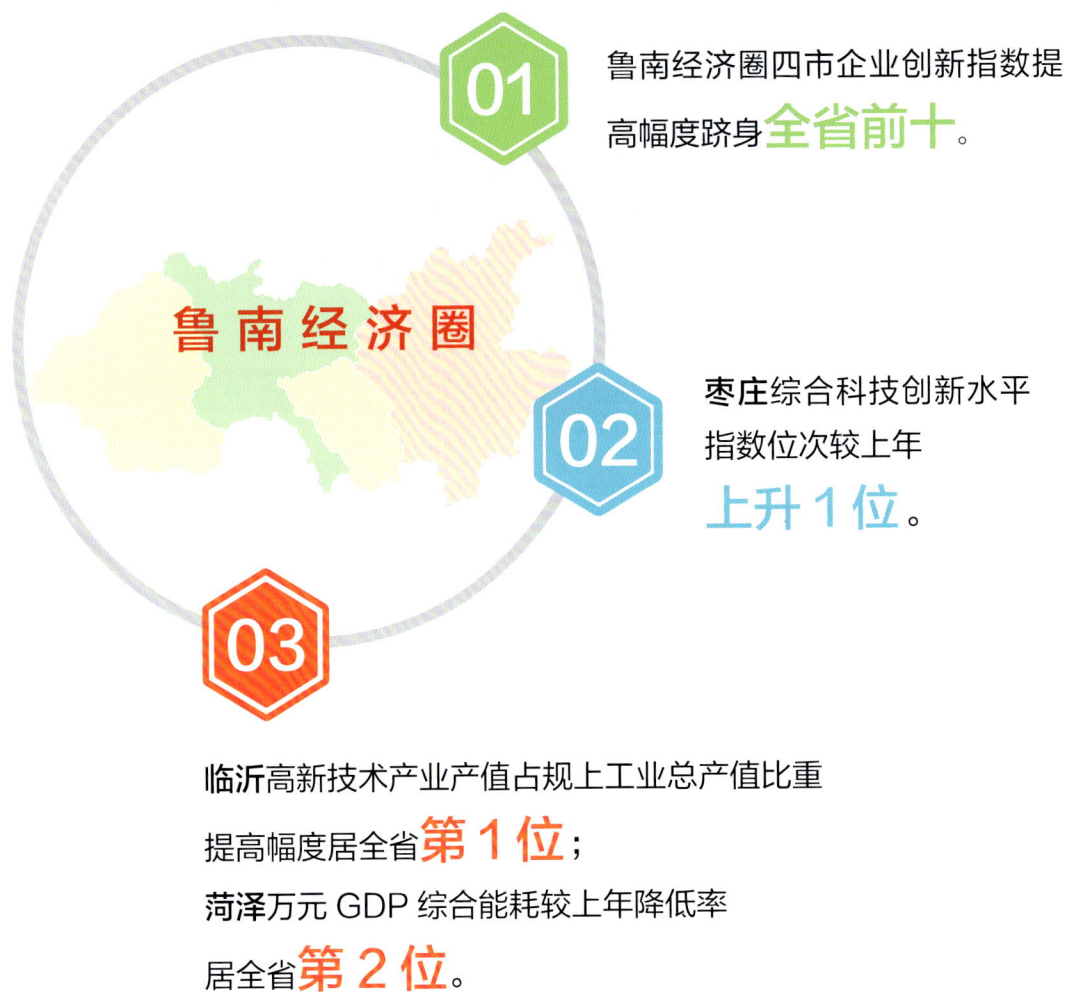

01 鲁南经济圈四市企业创新指数提高幅度跻身**全省前十**。

鲁南经济圈

02 **枣庄**综合科技创新水平指数位次较上年

上升1位。

03

临沂高新技术产业产值占规上工业总产值比重

提高幅度居全省**第1位**；

菏泽万元 GDP 综合能耗较上年降低率

居全省**第2位**。